# DE L'ÉTAT

## POLITIQUE ET ÉCONOMIQUE

## DE LA FRANCE,

## SOUS SA CONSTITUTION DE L'AN III.

---

*Traduit de l'Allemand.*

*Cet ouvrage d'un obſervateur, étranger à nos diviſions politiques, qui paraît les juger, dans l'éloignement, en philantrope, préſente des conſidérations dignes d'être méditées par un penſeur, & qui doivent être chères à tous ceux qui ne ſont pas indifférens au bonheur de la France.*

*L'on s'apercevra aiſément, que le traducteur eſt auſſi un étranger. Celui-ci ſollicite l'indulgence; convaincu que la publication de cet écrit, en France, pouvait être utile, il a cru qu'il valait mieux que cette publication fût plus prompte, dût la traduction en être moins correcte. Il n'a pas cru, non plus, qu'elle dût être littérale.*

# DE L'ÉTAT
# POLITIQUE ET ÉCONOMIQUE
# DE LA FRANCE,
## SOUS SA CONSTITUTION DE L'AN III.

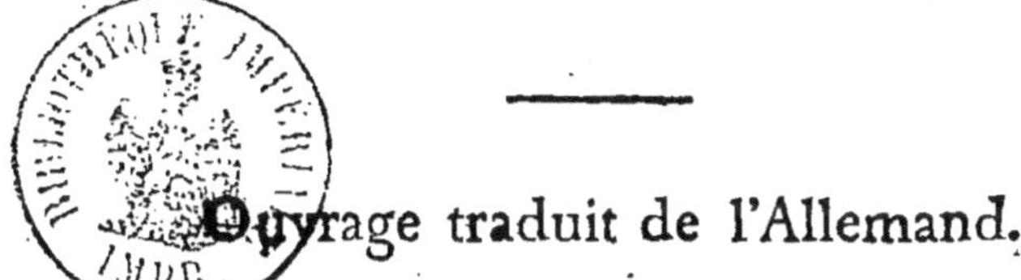

Ouvrage traduit de l'Allemand.



*Hæc tum nomina erunt; nunc sunt sine nomine.*

VIRG. ENEID. 6.

(Par Vaughan, d'après Barbier)

STRASBOURG,

Chez F. G. LEVRAULT, Imprimeur-libraire, rue des Juifs;

Et à Paris, chez FUCHS, Libraire, rue des Mathurins, maison de Cluny.

*L'an IV de la République française.*

nerait leurs bannières. On ne tenait pas compte de l'ardeur des esprits : on ne discernait pas les qualités solides par lesquelles se décide la victoire. — D'autres ont de même mis en question le courage de la nation française, parce qu'elle s'est soumise quelque temps au règne de Robespierre. Ils oubliaient que les hommes sont faibles quand ils ne sont pas réunis, & sans courage, quand ils n'ont pas l'espérance du succès. — C'est ainsi qu'il est difficile de philosopher sur des faits *dont le détail nous est familier*, surtout si nous y sommes intéressés.

Nous jugeons plus sainement des temps anciens, parce que nous le faisons avec calme; parce que nous voyons d'un coup d'œil une longue suite de faits; parce que les historiens les ont déjà réduits en système, & parce que ces faits sont si multipliés & si décisifs, que nous ne pouvons avoir de doute sur leurs causes. Mais si Brutus l'ancien eût vécu *du temps de la révolution française*, plusieurs se seraient récriés contre le supplice auquel il condamna ses fils coupables de liaisons secrètes avec les ci-devant tyrans de sa patrie. On eût aussi qualifié d'ingrat Brutus le jeune, pour avoir préféré sa patrie à un tyran qui paraissait l'aimer; & Aristide n'eût-il pas passé pour fou en servant encore ses concitoyens, après en avoir été traité indignement? — C'est par de semblables raisons que le généreux Désilles & l'héroique Charlotte Corday ne sont pas encore mûrs pour la renommée, dans l'esprit de plusieurs qui ne voient de grandeur en rien de ce qui n'a pas trouvé place dans l'histoire.

Certes, toute l'antiquité consacrée par la gloire dans l'opinion générale, si elle était soumise à la partialité des raisonnemens de certains critiques, n'échapperait pas à leur censure. — Les Romains, par exemple, ayant courbé la tête sous le joug des proscriptions, des confiscations & des emprisonnemens, ne pourroit-on pas leur faire, aussi bien qu'aux Français, le reproche de pusillanimité, fondé également pour les deux sur l'oubli injuste de tant d'autres circonstances? —

Confidérons exclufivement le brouet noir des Spartiates, leur monnoie de fer & la nudité de leurs filles; ne nous arrêtons qu'à la prodigalité des Athéniens pour leurs théâtres & à leurs fluctuations dans leurs affemblées populaires; n'envifageons Rome que dans fon origine, quand on n'y voyait que des vagabonds enlevant les femmes & les propriétés de leurs voifins : certainement nous ne trouverons dans ces faits aucune donnée pour prédire l'élévation des trois républiques les plus remarquables de l'univers, toutes fignalées par leur valeur, deux par leur patriotifme, & l'autre pour avoir été la principale fource des lumières de l'Occident, fans en excepter Rome elle-même. — Et cette tribu fauvage de l'Arabie, avec fon prophète extravagant, qui afpirait tout à la fois à conquérir & à convertir l'univers, ne femblait-elle pas d'abord plus faite pour les petites-maifons, que pour accomplir fes projets ? Il fut un temps, en effet, où une maifon de fous eût été affez grande pour contenir Mahomet & fes difciples : & cependant, dans peu d'années, avec une rapidité prefque égale à celle d'Alexandre, ils devinrent affez nombreux pour fonder un des plus grands empires & une des fectes les plus répandues fur le globe. — Tout cela nous apprend que le bel efprit & la mauvaife humeur ne font pas les milieux à travers lefquels il faut obferver ou les républicains ou les enthoufiaftes.

En voilà fans doute affez pour faire connaître l'intérêt que préfente le tableau de l'état actuel de la France, qui poffède le premier territoire, la première armée & la feconde marine de l'Europe, & qui profeffe des *principes entièrement nouveaux* fur fa politique tant intérieure qu'extérieure. — Mais notre objet n'eft pas feulement d'indiquer les fources de la puiffance de la France, ou de mefurer leur étendue dans le nouvel ordre des chofes; nous voulons, par préférence, démontrer que cette puiffance deviendra falutaire pour la France, & favorable à l'univers : fans cet efpoir l'homme de bien n'aurait aucun motif d'écrire.

Pour préparer à nos recherches, traçons préalablement une esquisse des progrès que la liberté avait pu faire jusqu'ici. Elle démontrera leur imperfection.

Les *Orientaux*, selon la marche naturelle des sociétés naissantes, conférèrent le pouvoir à un seul chef, qui devint bientôt despote. Ils ne nous ont par conséquent instruits que des maux attachés aux gouvernemens fondés sur un faux principe; maux d'autant plus funestes pour eux, que le temps n'a jamais pu les en délivrer.

Les *anciens Juifs* avaient reçu de Moyse un gouvernement qui tenait du républicanisme; mais comme ils l'abandonnèrent bientôt pour se mettre sous le despotisme, on voit seulement combien était universel dans ce siècle l'esclavage politique.

Les *Grecs*, dans leurs différentes peuplades (établies soit dans la Grèce proprement dite & ses environs, soit dans l'Asie mineure, soit en Italie & ailleurs), étaient issus pour la plupart d'avanturiers isolés, qui fuyaient la tyrannie, ou qui ne se réunissaient que dans la vue de fonder des colonies ou de faire des conquêtes. Ils furent en possession d'une liberté plus ou moins grande, dès l'origine de leurs gouvernemens, ou l'acquirent dans la suite. En même temps la renommée ou leurs voyages fournirent, à leurs esprits actifs, l'avantage de connaître de petits États dans leur voisinage, & de comparer les effets de ces gouvernemens avec ceux d'empires plus grands, comme l'Egypte & différentes contrées de l'Asie. Mais malheureusement ils ne combinèrent leurs constitutions que pour l'avantage de certaines *corporations*, savoir, les citoyens & spécialement ceux militaires, par opposition à ceux qui n'étaient pas traités comme citoyens, ou qui même étaient en partie sujets ou esclaves.

On peut ajouter, pour terminer ce qui regarde la Grèce, que plusieurs de ses constitutions les plus renommées furent l'ouvrage du pouvoir ou du crédit de législateurs particuliers, plutôt que de la volonté & de la délibération du peuple.

Les *Romains*, après le siècle de leurs rois législateurs, ne se livrèrent guères à des spéculations politiques, qu'en suivant les traces des Grecs; & tous les changemens qu'ils firent à leur constitution dans la suite, furent vacillans ou partiels, sauf ce que nécessitait le maintien de leur république. Telles étaient, en effet, les divisions entre les deux parties, le sénat & le peuple, que rien de ce qui dépendait d'un consentement mutuel, ne pouvait arriver à une issue heureuse. Cependant les Romains furent les auteurs de diverses maximes importantes de gouvernement, qui contribuèrent beaucoup, soit à former, soit à conserver leurs mœurs, & par là leur république. Mais ces maximes n'avaient que peu ou point de rapport direct avec la distribution des parties constituantes de leur gouvernement, & les pouvoirs délégués à chacune de ces parties.

Les *Barbares du moyen âge* ne se trouvaient pas en général dans les circonstances qui ont rendu le despotisme pratiquable ou tolérable dans les pays chauds. Ces circonstances sont, par exemple, la longueur des étés & la brièveté des hivers, qui diminuent les besoins de chauffage, de vêtement & d'habitations dispendieuses, & qui non-seulement doublent la quantité des productions de la terre, mais qui, en favorisant le régime végétal, épargnent toute la nourriture qui se perd dans la préparation d'une quantité équivalente de nourriture animale. Ces circonstances sont encore des plaines immenses enrichies par les inondations, la facilité des transports par la navigation intérieure, ou enfin une population nombreuse & resserrée sur un petit espace de terrain, adonnée à l'agriculture, & par conséquent attachée à une propriété locale. Une telle population est plus aisément gouvernée par la force militaire; & cette force, toutes les fois qu'elle s'est énervée, a régulièrement fait place à une autre moins efféminée, sortant de pays plus rudes & plus âpres. — Ces Barbares, au contraire, à raison de la pénurie à laquelle les avait assujettis la nature, ne pouvaient pas *faire les frais* de l'établissement du despotisme. Ils n'étaient d'ailleurs nullement disposés à s'y prêter, tandis que leurs bois, leurs montagnes, leurs habitations éparſes; le goût & les facilités qu'ils avaient pour élever des beſtiaux, la chaſſe, la pêche, les mettaient en état de s'en garantir. — Mais ſi, à cet égard, ces tribus avaient l'avantage politique d'habiter des pays ſeptentrionaux, ou froids & élevés, ce qui revient au même pour cet effet, elles n'avaient pas l'avantage de l'inſtruction. Leurs eſprits étaient même communément aſſervis par la ſuperſtition; & celle-ci ne connaît que trop bien les moyens de maintenir ſon empire dans tous les climats. — Il n'y a donc pas lieu de penſer qu'ils aient pu porter leurs conſtitutions politiques à un certain degré de perfection. Au contraire, quelle que fût la liberté groſſière dont jouiſſaient dans leur pays natal ces Barbares qui détruiſirent enſuite l'empire romain; elle n'était pas capable de réſiſter, ſoit à un changement de lieu, ſoit aux ſéductions d'une ſociété civiliſée. Si donc ils penſèrent à la liberté quand ils devinrent conquérans, ce ne fut que pour ſe donner à eux-mêmes excluſivement une repréſentation fort imparfaite; tous les gouvernemens féodaux étant fondés ſur la diſtinction entre les vainqueurs & les vaincus.

Les *républiques* qui ſe formèrent dans la ſuite en *Italie*, furent créées, ou principalement gouvernées par des familles ariſtocrates & opulentes, qui, après avoir chaſſé leurs princes, tinrent le peuple dans la ſujétion. L'amour déſintéreſſé d'une liberté égale pour tous, peut difficilement ſe trouver dans un gouvernement dont les principaux membres ont acquis de grandes richeſſes par le commerce ou par d'autres moyens (1).

De tous les peuples modernes, les *Suiſſes* ſont ceux qui ont le plus approché des anciens, particulièrement en ce qu'ils ont réſiſté à de grandes armées par la valeur déſeſpérée d'une poignée

(1) Comme nous ſuivons le fil de l'hiſtoire de la liberté dans les gouvernemens communément réputés libres, ce ſerait ici le lieu de parler des villes anſéatiques, impériales, &c. Mais elles nous diſpenſeront volontiers de diſcuter ce qui les concerne.

d'hommes. Cette valeur était due principalement à l'oppreſſion qu'ils avaient endurée, & à l'habitude de braver les dangers au milieu de leurs précipices; car ils étaient braves avant de devenir républicains. Mais leur valeur étonnante, leur économie tant publique que privée, leur ſyſtème pacifique long-temps ſoutenu, ont fait leur principale gloire; & certes, ce n'eſt pas peu que de l'avoir méritée. — Malheureuſement ce ſyſtème, ſi naturel à des républiques ſages, paraît devoir être attribué à la prudence plutôt qu'à des principes philoſophiques; car après la fin de leurs propres guerres, ils ont continué à répandre leur ſang au dehors en qualité de *mercenaires* ( & quelquefois par les mains les uns des autres), pour des objets de la juſtice deſquels ils ne prenaient pas la peine de s'informer: indice certain d'une éducation & d'une politique mal entendues. Auſſi, après avoir chaſſé leurs princes étrangers & leurs ſeigneurs féodaux, les Suiſſes ont-ils fini par avoir de petites ariſtocraties domeſtiques, ou des démocraties pures ſans repréſentation, communément gouvernées par quelques familles diſtinguées. Leur population eſt auſſi diviſée en claſſes de citoyens privilégiés & de ſujets, ceux-ci habitant ou les cantons même, ou des contrées dépendantes des cantons; & les vrais principes de la liberté religieuſe, la liberté de la preſſe, & l'amour des connoiſſances politiques, ont fait peu de progrès parmi eux (1). Ce qu'ils conſervent d'ailleurs de liberté, provient principalement de ce qu'ayant eu pour voiſins des états puiſſans & belliqueux; ils ſe ſont vus dans la néceſſité de laiſſer armée, & par conſéquent de ménager, la grande maſſe des habitans. Ils le doivent

(1) Pluſieurs religions ſont profeſſées en Suiſſe; mais c'eſt par cantons ou par certains arrondiſſemens, très-rarement dans le même lieu, & toujours avec quelques limitations. Les journaux & en général tous les ouvrages ne doivent être imprimés qu'avec l'attache des cenſeurs; & loin que l'on cherche à répandre des notions politiques quelque peu populaires, on n'oſe pas même les avouer dans quelques cantons. — Nous ne parlons que du gouvernement ſuiſſe, & non de ceux de Genève & de Neufchâtel.

encore en partie à la grande division des fortunes, & à la protection qu'ils reçoivent de leurs montagnes & de leur jalousie respective.

Les *Hollandais*, comme les Suisses, acquirent leur indépendance par les suites de la lutte qu'ils eurent à soutenir contre la tyrannie qui les opprimait, plutôt que par un amour spéculatif & spontané de la liberté. Comme cette tyrannie était surtout d'une nature religieuse, & qu'ils furent en état d'en secouer le joug à la faveur de leur commerce & de leurs conquêtes au dehors, ils eurent pendant cette révolution peu de motifs pour étudier la véritable science politique; & ils regardèrent probablement comme un acte de sagesse, de ne faire à leurs gouvernemens que les réformes que demandaient les circonstances. — Aussi découvrent-ils aujourd'hui la nécessité de fonder une république une & indivisible sur des principes nouveaux; & en la fondant ils paraissent montrer que l'égoïsme qu'on leur reprochait, était le propre de leur aristocratie, & s'est enfui avec elle. — Leur entreprise généreuse prouve encore combien ils sentent que leurs ancêtres leur ont laissé un gouvernement trop imparfait pour servir de modèle. C'est pourquoi ils sont résolus de mettre à profit pour eux-mêmes les lumières & l'expérience, les crimes & les malheurs que leur a présentés, depuis, leur propre histoire politique ou celle des autres nations.

La première & la seconde révolution en *Angleterre* durent, sous Charles I & Jacques II, leurs progrès principalement à la religion. La première fut surtout soutenue dans son résultat, par des hommes de la classe démocratique, avant que le commerce ne fleurît en Angleterre; & les Anglais avaient ainsi commencé à s'occuper avec connaissance de cause de la théorie du gouvernement, quand leur république fut trahie & détruite, & que leurs discussions politiques cessèrent avec elle. — La seconde révolution produisit, à ce qu'on prétend, de grands changemens de personnes & seulement de petites réformes dans les choses, c'est-à-dire, un grand changement d'administration & un petit changement de constitution. La principale secte intéressée possédait un riche établissement hiérarchique ; elle avait en outre une part notable dans la législature, & elle comptait parmi ses soutiens la presque-totalité de la noblesse & des propriétaires des biens-fonds. Les nouveaux monarques ne furent pas libres d'accorder seulement une entière tolérance religieuse aux sectes démocratiques, aux secours desquelles ils devaient la conservation de leur pouvoir.

Quand les peuples de l'*Amérique septentrionale* se séparèrent de la Grande-Bretagne, au sujet du droit de taxes, ils embrassèrent le gouvernement républicain, plutôt comme le simple résultat de cette séparation, que par un choix prémédité (1) ; & comme il n'y avait parmi eux ni hiérarchie, ni noblesse, ni aucun autre ordre privilégié, leur entreprise n'exigea guères d'autres discussions que celles qui étaient habituelles parmi les Anglais leurs ancêtres. Aussi fut-ce en Angleterre que se trouvèrent, dit-on, leurs plus habiles défenseurs. Ce sont du moins les plus connus en Europe, à commencer par M. *Burke*. Mais si les Américains ne découvrirent pas de nouveaux principes spéculatifs, ils firent diverses améliorations pratiques & importantes dans le mécanisme de leurs gouvernemens, & dans la déclaration solennelle des principes sur lesquels ils sont fondés. Ils ont d'ailleurs le mérite immortel d'avoir servi la cause de la liberté aux dépens de leur sang, au prix des plus grands sacrifices de tout genre, & au milieu des dangers les plus éminens, avant & pendant cette guerre terrible de sept années, qui a terminé leur lutte avec la mère-patrie.

C'est aprés tous ces architectes politiques que sont venus les *Français*. S'étant d'abord attachés aux idées & aux sentimens des Américains, en répandant leur sang en commun avec eux, ils ont ensuite été

(1) M. Adams, dans son ouvrage sur les Républiques, dit, que ses concitoyens furent *appelés, sans l'avoir prévu, & conduits sans inclination à élever leur systême, &c.* C'est ce qu'avouera tout Américain ou tout Anglais instruit, près duquel l'on prendra des informations.

conduits par leur générosité, la vivacité de leur caractère, & par des circonstances favorables, à s'ouvrir une carrière plus étendue. Ils avoient long-temps considéré les œuvres de J. J. Rousseau comme un roman de cabinet, ou comme une perspective sans espérance de réalité. Mais à cette époque ils s'y sont adressés comme à une école de politique; & laissant là la timide maxime de ne faire que ce qui est prudent, ils ont exécuté ce qu'ils ont vu fondé en système. Leur maître en théorie avait été hardi; leur pratique a encore dépassé à quelques égards cette théorie. Ils se sont tout-à-coup dépouillés de leurs principaux préjugés; ils ont même été pendant un temps au-delà de leur but: mais malgré ces excés, l'erreur n'a plus d'empire en Europe, que celui qu'elle doit à la force des armes, ou à la crainte des convulsions. — C'est sans doute un grand encouragement pour écrire & publier ses pensées, que de voir ainsi les idées d'un seul homme se propager dans tout l'univers.

Telle est en abrégé, & en tant qu'elle intéresse l'Europe, l'histoire de la liberté politique, qui comprend aussi celle de la liberté religieuse. Traiter de l'une ou de l'autre liberté, pour en avancer les progrès, a été communément regardé comme une conspiration contre le gouvernement ou le sacerdoce: il était même quelquefois dangereux pour l'écrivain politique de défendre les droits établis à cet égard, çà & là, par la constitution, quand les hommes en possession du pouvoir trouvaient la concession de ces droits trop étendue. L'Utopie de Morus & d'autres projets pareils n'ont été publiés impunément, que parce que tous les partis, sans en excepter les auteurs de ces ouvrages, s'accordaient à les regarder comme chimériques. On pardonnait à Voltaire ce qu'il disait, non pas simplement à cause de son esprit & de ses protecteurs, mais encore en considération de ce qu'il ne disait pas. Rousseau put échapper ensuite, parce que l'expérience du siècle avait paru montrer que telle croyance pouvait être reçue dans ce qu'on appelait la bonne compagnie, & telle autre parmi le vulgaire ; la bonne compagnie ayant le privilège de lire tout ce qui pouvait l'amuser, & le sacerdoce aussi bien que le gouvernement se rangeant dans cette classe. — On peut dire enfin, que jusqu'à ces derniers temps, nous étions encore dans l'enfance quant à la théorie & à la pratique du gouvernement. On a prétendu même aujourd'hui, que nous ne pouvions, avant cinquante ans, hasarder de juger si les gouvernemens américains étaient bons dans la pratique ; comme si la monarchie & l'aristocratie avaient jamais été bonnes en pratique pour cinquante années consécutives, à moins que ce ne fût par quelque cause particulière & accidentelle. Au reste, si la constitution française n'a pas atteint la perfection, n'est-ce pas le propre de tout ouvrage humain ?

## CHAPITRE II.

### *Coup d'œil rapide sur la Nation française sous sa nouvelle Constitution.*

La France réunit la masse de liberté la plus étendue & la plus pure, connue jusqu'ici. C'est l'ensemble de 26 millions de citoyens affranchis de toute espèce de servitude, réunis sous un gouvernement uniforme, & n'ayant aucun territoire sous sa dépendance, au moins en Europe.

Son *Souverain* n'est ni dans son gouvernement entier, ni dans quelqu'une de ses parties, mais dans ce qui donne l'existence à la totalité du gouvernement, savoir le *Peuple* en général. En conséquence le gouvernement, dans *toutes ses branches*, est immédiatement ou médiatement *représentatif*. — Dès-lors il n'est pas héréditaire. Il n'est pas même permanent quant à ses membres ; car une partie considérable change annuellement, une autre tous les deux ans, une autre dans trois années, & la totalité dans cinq. — La forme même du gouvernement peut être changée dans moins de dix ans, si le peuple le juge à propos.

Nous devons ajouter, pour préparer ce qui doit

ſuivre, que la conſtitution françaiſe *diviſe* les fonctions de ſon gouvernement, pour les confier à différentes perſonnes, qui reſtent ſous l'influence du peuple par la néceſſité des réélections. Par cette précaution elle empêche que le gouvernement n'opprime le peuple par la réaction de ſes propres forces. Quiconque entreprend de réunir ces fonctions ſéparées, donne à temps par cette entrepriſe l'éveil ſur ſon ambition : cette précaution eſt propre même à en prévenir la naiſſance. D'ailleurs, quand les fonctions ſont diviſées, chacun de ceux qui en poſſède une branche eſt un obſtacle à la négligence ou à la malverſation des autres. Enfin, quand chaque membre du gouvernement eſt conduit à borner ſon attention particulière à un ſeul objet, outre qu'il en connaît les limites, il ſe perfectionne dans *ſa geſtion.*

Paſſons actuellement au premier grand corps que préſente la conſtitution françaiſe, après le peuple.

*Vue comparée de la législature françaiſe.*

Le corps de la *législature* actuelle en France (qui eſt complétement repréſentatif), eſt diviſé en deux parties, appelées *conſeils*, dont la plus nombreuſe a le pouvoir *poſitif*, & l'autre le *négatif* (c'eſt-à-dire que la première propoſe & la ſeconde décide) ; chaque loi ſubiſſant la délibération des deux conſeils. Comme les électeurs pour l'un & pour l'autre ſont les mêmes, & que les perſonnes élues diffèrent ſeulement en ce que les membres du conſeil négatif *doivent* être âgés de 40 ans au moins, & mariés, tandis que ceux de l'autre conſeil *peuvent* accidentellement avoir ou n'avoir pas ces qualités (la différence du local de l'aſſemblée eſt peu importante) ; on voit que la conſtitution françaiſe établit dans la législature, non pas deux *intérêts* oppoſés, mais deux *penſées* diſtinctes, l'une d'invention, l'autre d'examen. Pour que ce *veto* ait tout à la fois d'un côté le poids, de l'autre l'influence conciliatoire qu'il doit avoir, il repoſe ſur la baſe d'un grand corps, non-ſeulement compoſé de caractères graves, mais encore dépouillé de cette activité qui pourrait le rendre contentieux, si, outre le pouvoir d'annuller des résolutions, il avait aussi celui d'en proposer. — Comparons cette disposition avec ce qui se passe dans la Grande-Bretagne & dans les États-unis de l'Amérique.

La législature *britannique* a trois parties. L'une n'a que le pouvoir négatif ; mais elle est héréditaire & renfermée dans une seule personne, qui est en même temps la principale source de ce qui est appelé le pouvoir exécutif. Une autre partie a non-seulement le pouvoir négatif, mais aussi le positif, à de légères exceptions près. Ses membres sont en partie à la création de la première, mais elle est héréditaire ou à vie, & possède en outre la haute prérogative judiciaire. La troisième partie a le pouvoir négatif & positif ; & théorétiquement elle est toute représentative, quoique, dans la réalité, la plupart des élections faites par de petites fractions du peuple, qu'on dit être ainsi représentées, soient l'effet d'une sorte de contrainte, d'une influence illégitime, ou de la corruption. — Ces trois branches ont effectivement trois intérêts de *corps*, distincts ; mais le roi, qui est *souverain* de nom & de fait, a les moyens de faire céder les intérêts de *corps* aux intérêts *personnels* des membres. Ces trois branches, si vantées comme se balançant réciproquement, se réduisent donc dans le fait à une seule ; savoir la *pensée* & l'*intérêt* du roi, qui, comme on peut bien le présumer, ne tendent qu'à son propre aggrandissement.

Les législatures *américaines* (1) sont en général composées de deux parties, & de deux seulement. Mais quoique toutes leurs constitutions veuillent qu'il

(1) On parle ici des constitutions américaines telles qu'elles étaient en 1791. Au reste, on assure que les changemens survenus depuis, ne sont pas essentiels pour l'objet de la présente discussion. Si ce sont des améliorations, l'humanité sera de plus en plus redevable aux Américains pour les grands exemples qu'ils auront donnés.

On mettra au nombre des gouvernemens américains celui qui leur est *commun*, sous le nom de congrès, & que l'on distinguera quelquefois par le nom de gouvernement *fédératif*.

n'y ait pas de mélange de pouvoir, il arrive cependant dans quelques-unes, que la branche exécutive se trouve, ou incorporée dans une de ces parties, ou investie de quelque droit pour régler la manière de la convocation ou de la séparation de toutes les deux; ou elle est autorisée à suspendre, quand elle le juge à propos, l'exécution d'une loi nouvelle, jusqu'à ce qu'elle ait été reproduite, par une majorité des deux tiers au moins, dans chacune des deux chambres. Dans toutes, les deux parties ont un pouvoir égal pour faire des lois, à l'exception des *bills* pécuniaires, qui, comme au parlement britannique, doivent prendre leur source dans le corps le plus populaire; précaution à laquelle on aurait à peine pensé, si l'infidélité sur cet objet de deux des trois branches de la législature britannique, n'y avait donné lieu.

Les législatures *américaines* diffèrent essentiellement de celles de la Grande-Bretagne, en ce que chacune de leurs branches sont immédiatement ou médiatement représentatives; & aussi parce qu'elles sont en général élues pour de courtes périodes. Dans la Grande-Bretagne, la troisième ou la seule branche représentative peut, si la première le permet, demeurer en exercice pendant *sept ans*, sans subir le plus petit changement, même partiel, si ce n'est dans les cas de décès. — Quelques-unes des législatures américaines *diffèrent de celle de la France*, en ce qu'elles ont quelque tendance à établir une distinction de *classes*, ou *ordres* de personnes (1). Elles diffèrent encore, en ne faisant que peu d'usage des *élections redoublées* (2), qui sont si marquantes dans la constitution française. Si ces élections redoublées n'empêchent pas tout-à-fait les cabales, elles n'en augmentent au moins pas le danger, & sont très-propres à prévenir les tumultes. Elles sont d'ailleurs fort heureusement adaptées à un

(1) Tel est nécessairement le résultat de la distinction qu'on fait, soit quant aux électeurs des deux chambres, soit quant à la fortune ou à la durée du pouvoir de ceux qui sont élus pour y siéger.

(2) Nomination par le peuple d'électeurs qui nomment ensuite aux places. *Note du Traducteur.*

pays

pays dans lequel les principes & les instructions politiques ont encore besoin de développement ; car les personnes les moins éclairées peuvent apprécier le mérite des caractères connus dans leur voisinage, & les hommes qui ont été distingués dans ce petit arrondissement peuvent juger des personnages capables, dans une plus grande sphère, de servir la patrie. — Les Américains diffèrent de plus, en ce qu'ils emploient fort peu le mode du *scrutin*, dont on s'est servi jusqu'ici pour écarter l'influence & la corruption, & qui n'est pas moins utile pour prévenir les querelles & les ressentimens (1). Les législatures americaines en général ont, comme la française, un avantage sur celle de la Grande-Bretagne; c'est d'attribuer la nomination des représentans *collectivement à une étendue considérable de pays*, plutôt qu'à de plus petits districts ( c'est-à-dire à de grandes plutôt qu'à de petites divisions du peuple ); ce qui fait que des personnes isolées y ont moins d'ascendant individuel. Il n'y a que la cinquième partie de la représentation anglaise qui paraisse avoir cette qualité; le reste appartenant séparément à de petites villes, & même à des villages, où les propriétés & les liaisons locales ont plus d'influence en faveur du candidat, que son caractère & l'estime personnelle dont il peut jouir (2).

(1) Les Français n'auraient que le fardeau de l'opération du scrutin, s'ils ne s'imposaient pas la loi d'en garder religieusement le secret, qui en fait tout le prix.

(2) Observons encore ici, qu'il est décidé, plus péremptoirement en France qu'ailleurs, que les membres du corps législatif ne sont point représentans du département qui les a nommés, mais de la nation entière; & qu'il ne peut leur être donné aucun mandat. — Quand la législature n'a pas égard aux vœux d'une partie des citoyens, c'est à cause des intérêts *plus importans d'une autre partie;* & comme aucune règle ne peut en général être plus favorable à la totalité que celle-ci, la portion qui dans un temps n'est pas satisfaite, l'est une autrefois au-delà de ses espérances. D'ailleurs exiger une conduite déterminée de la part des représentans d'un département, avant que ceux des autres départemens aient été entendus, ce serait manquer de sagesse & de candeur. — Ainsi un représentant doit avoir la liberté de prendre son

— Il n'y a que peu d'exemples, en Amérique, de législatures qui *changent graduellement* ( 1 ) comme en France: & dans son gouvernement *fédératif*, le changement est inégal, les représentans étant successivement remis en place dans deux années & les sénateurs dans six; ce sénat étant un peu, quant à sa durée & ses fonctions, la copie des sénats qu'on trouve dans plusieurs républiques aristocratiques. — La législature britannique est permanente dans deux de ses branches, & la troisième est renouvelée tout-à-coup en masse après de longs intervalles. — Mais, ni la législature britannique, ni celles de l'Amérique, ne sont *permanentes dans leurs sessions*; en quoi elles diffèrent de celle de la France (2).

Il ne manque rien à la constitution française pour assurer l'incorruptibilité de ses législateurs. Il est vrai qu'elle n'exige d'eux aucune qualification pécuniaire; mais leur caractère est scruté par des électeurs propriétaires, usufruitiers ou locataires, d'une certaine valeur, lesquels sont eux-mêmes élus par d'autres personnes ayant droit de citoyens ( qualité qui renferme plusieurs garanties ); & cette sûreté de la bonté du choix est bien préférable à toutes celles qu'on peut tirer d'une fortune nominale. Leur probité étant encore protégée par un salaire suffisant, le choix du public, libre de toute entrave, peut se fixer sur des hommes honnêtes & éclairés, quelles que soient leurs facultés. — Les Anglais gagnent peu par une conduite différente, quoique accompagnée d'une apparence d'économie. On sait, par exemple, que les conditions de propriété, exigées des membres de la chambre des communes, sont illusoires,

parti après une discussion libre & générale. Quand même on aura tout fait pour écarter toute prévention, son penchant le portera toujours assez à voter pour la demande immédiate de ses constituans particuliers.

( 1 ) Successivement & par portion. *Note du Traducteur.*

( 2 ) Elles auraient cependant grand besoin de cette permanence, jusqu'à ce qu'elles eussent corrigé les vices & suppléé aux omissions de leurs lois civiles, qui ont, en général, dans les deux pays, à ce qu'on assure, une mauvaise source commune.

n'étant requises, furtout, que pour le temps de l'élection. D'ailleurs les dépenfes que ces membres font pour être nommés, étant fouvent immenfes, & celles durant leur feffion n'étant pas peu confidérables; leur avidité à s'en récupérer (& enfuite à s'enrichir), les force de fe prêter à l'établiffement de charges énormes fur le peuple, dans la vue de recevoir indirectement leur part du produit de cette profufion. Des repréfentans anglais, qui s'arrangent ainfi, reçoivent réellement des falaires. De tels falaires font exceffifs, comme tous ceux qu'exigent des vues malhonnêtes; le mode d'en faire les fonds eft fans règle & fans limite, étant déguifé & indirect; & comme le miniftre en eft le payeur, les repréfentans le foutiennent dans toute efpèce de dilapidations, pour en recevoir cette folde.

Pour terminer notre parallèle entre ces législaturès, obfervons que le gouvernement britannique fe fonde fur la *fuppofition gratuite de l'approbation publique;* fuppofition gratuite, difons-nous, puifqu'il n'y a eu aucune conftitution écrite, ni de convention dûment élue pour en former une. Il lui manque auffi une déclaration des droits généraux; car fon fameux *Bill des droits* confifte plutôt dans l'affemblage de lois particulières, réclamées en vertu de la poffeffion, que dans l'énoncé de principes fixes & univerfels, déduits par raifonnement, comme objets de droit. — Il n'eft auffi aucun moyen légitime de changer le gouvernement britannique, fi ce n'eft celui d'une révolution, tenté en conféquence à différentes reprifes. Mais d'un autre côté, ce gouvernement prétend avoir le *droit de fe réformer lui-même* de fon propre mouvement, & c'eft communément pour en faire un mauvais ufage, à moins que le defir de gagner de la popularité, la crainte, ou l'intrigue n'influent dans cette détermination. Sous tous ces rapports, les gouvernemens de la France & de l'Amérique l'emportent fur celui de la Grande-Bretagne, puifqu'ils ont été inftitués par des conventions expreffes, après de mûres délibérations, & que leurs plans conftitutifs font écrits & accompagnés d'une déclaration formelle des principes sur lesquels ces gouvernemens sont fondés, qu'ils sont destinés à défendre, & dont ils ne doivent jamais s'écarter. — Pour obvier aux erreurs dans lesquelles ces conventions ont pu tomber, ou aux altérations quelconques qui surviendraient dans les hommes ou dans les circonstances, ces constitutions renferment tacitement, ou indiquent expressément, les moyens d'y faire des corrections, toutes les fois qu'un changement sera jugé nécessaire. Ajoutons, au sujet des conventions, que toutes celles des temps modernes ont dûment délibéré *en un seul corps réuni*, sans en excepter l'assemblée constituante de France, qui soumettait les lois ordinaires à la sanction du roi, mais ne lui laissait pas l'option quant aux lois constitutionnelles, qu'il était obligé d'*accepter*, comme condition nécessaire pour continuer à être roi. — Observons encore que les Français ont introduit une nouveauté. Leur constitution, quoique faite par une convention convoquée *ad hoc*, a été ensuite *ratifiée par le peuple*, comme souverain & constituant.

Quant aux autres législatures européennes, elles méritent à peine d'être mentionnées, étant en général purement monarchiques, ou aristocratiques, ou un mélange de ces formes; & la démocratie y étant nulle ou sans effet, & comme expirante. Ces gouvernemens ne doivent d'ailleurs leur origine à aucune convention nationale, ou ont été pervertis ensuite; de sorte qu'ils n'ont aucun prétexte pour affirmer qu'ils sont en possession de l'assentiment éclairé du peuple en leur faveur. — Peut-on douter d'après cela, & en voyant la dégradation de la constitution britannique, que les révolutions de l'Amérique & de la France n'aient sauvé le monde politique de sa ruine?

Nous pouvons donc conclure de tout ce qui a été dit, qu'un état bien constitué a deux sortes de législatures & deux sortes de lois. — Il a une *législature suprême*, qui est le peuple représenté, prononçant, *après réflexion faite*, & fur les corps auxquels il veut foumettre fon gouvernement ordinaire, & fur les pouvoirs qu'il veut atribuer à chacun. Cette légiflature eft convoquée dans des circonftances impérieufes & folennelles ; la totalité de fes membres eft élue nouvellement & expreffément, & (ce qui eft auffi bien important) ils confentent à être élus en vue de la crife à laquelle le public eft d'ailleurs préparé par les événemens & la difcuffion. Cette législature fuprême eft enfuite diffoute pour rentrer dans la maffe du peuple, de manière qu'elle ne puiffe pas tirer avantage de fes fautes ou de fes excès. — Un état bien conftitué a, par conféquent, auffi des *lois fuprêmes*. Par-là nous n'entendons pas feulement les lois qui modèlent les différentes parties du gouvernement & leur affignent leurs pouvoirs, mais encore les règles immuables qui dirigent tout l'enfemble. Ces dernières font connues fous le titre de *déclaration* des droits; car plufieurs d'entr'elles ne font pas l'*ouvrage* de la législature fuprême, mais feulement reconnues & *déclarées* par elle.

La *législature fecondaire* qui vient enfuite, eft un corps ayant reçu des pouvoirs déterminés pour faire des lois en conformité du plan & des principes de gouvernement établis par la législature fuprême. — Si la législature ordinaire, qui fouvent ne fe renouvelle que par parties, & qui, dans ce cas, renferme plufieurs membres dont l'élection n'eft *pas récente*, avait le pouvoir d'agir comme convention, elle pourrait égarer le public, dans la vue de fervir fa propre ambition, ou de couvrir fes propres fautes. — Elle pourrait agir trop rarement pour l'intérêt du peuple, ou trop fréquemment pour fa tranquillité; & dans tel événement, elle pourrait (comme dans le cas de l'acte qui a étendu à fept ans la durée poffible du parlement britannique) ne pas refpecter ce qui, d'après la véritable volonté générale, doit être la bafe de fes opérations; elle pourrait encore nuire (& ceci ferait un mal prefqu'également grand), tantôt en n'agiffant qu'à demi, & tantôt en fe comportant avec témérite.

## *Du Directoire et du Pouvoir exécutif.*

Passons à la seconde grande division de notre sujet.— Le caractère commun des *législatures* suprême & secondaire, dont nous avons parlé, c'est de faire ou de déclarer des *lois fixes pour des cas fixes.* — Mais cela ne suffit pas pour l'état; car il y a dans les affaires domestiques, militaires, coloniales, étrangères & autres, comme aussi dans certaines nominations majeures des agens publics, des cas *imprévus* & non définis, & des circonstances qui demandent la délégation d'un pouvoir compétent, que nous appellerons *discrétionnaire.* D'ailleurs les lois fixes doivent être *interprétées* avec autorité. Enfin, il faut pourvoir aux moyens de mettre à *exécution* ce que les lois fixes, le pouvoir discrétionnaire, & le pouvoir judiciaire ont déterminé.

La constitution française est la première qui ait distingué dans l'état, sous le nom de directoire, les agens d'un *pouvoir discrétionnaire*, lequel, ayant en même temps les grands pouvoirs *d'exécution* & de *surintendance*, est aussi appelé le DIRECTOIRE EXÉCUTIF. — Comme le pouvoir exécutif, dans son sens le plus étendu, comprend tous les agens nécessaires pour mettre par tout à exécution la volonté publique, exprimée par les lois, les juges, ou le directoire; il est composé de toutes les administrations établies pour les affaires civiles, fiscales & militaires, ainsi que pour l'éducation & la police, quelle que soit la manière dont ces agens supérieurs ou secondaires aient été nommés.

On peut avancer que la constitution française remplit, mieux que quelques constitutions américaines, le but de séparer les pouvoirs législatif, exécutif & judiciaire. — Mais que dirons-nous de ce qu'on appelle la constitution britannique, dans son état actuel; elle qui, dans un si grand nombre de cas, entremêle les différentes branches de son *gouvernement*, aussi bien que les trois branches de sa *législature?* — On ne saurait cependant apporter trop de ſoin à la ſéparation des branches du gouvernement ; non-ſeulement pour l'avantage de leur ſurveillance mutuelle, & pour éviter la confuſion ; mais auſſi pour prévenir la calamité, bien autrement importante, du deſpotiſme, qui réduit tout à un *ſeul* pouvoir, pour l'avantage d'une *ſeule* perſonne.

Il résulte pluſieurs avantages pour la conſtitution française, de ce que le directoire eſt compoſé de *cinq membres*, au lieu d'être concentré dans un *ſeul*, comme dans le gouvernement britannique, & dans quelques-uns des gouvernemens américains, particulièrement dans leur gouvernement fédératif.

Si les pouvoirs du directoire étaient confiés à un ſeul homme, une telle puiſſance pourrait exciter dans celui qui en ſerait revêtu, l'ambition de devenir un *monarque*.— De même, ſi le directoire était *d'un ſeul*, une erreur dans le choix, commiſe une fois ſur cinq, ſerait une erreur totale, tandis que l'erreur ſur un ſeul des membres d'un directoire compoſé de cinq, peut être corrigée par l'action de ſes quatre collègues. L'erreur ſur deux peut de même l'être par les trois autres ; & celle ſur trois (1) ne met la choſe qu'au point où elle ſerait par le mauvais choix d'un directoire d'un ſeul. — Une oppoſition conſtante de trois contre deux, dans un directoire de cinq, produit ſimplement l'effet d'un directoire de trois : à la vérité, ſi une ſeule perſonne dans un directoire qui ſerait ainſi réduit à trois, y prenait trop d'aſcendant, le directoire ſe trouverait réduit en quelque ſorte à un ſeul homme ; mais ceux qui approuveraient un directoire d'un ſeul n'ont pas le droit de faire cette objection.

*L'expérience* n'eſt nullement contraire à ce que le directoire ſoit compoſé ; car la plupart des adminiſ-

(1) C'eſt plus qu'on ne doit ſuppoſer dans une affaire de *choix* & non de *haſard*. Condorcet, dans ſon *Eſſai ſur l'application de l'analyſe à la pluralité des voix*, prend préciſément pour hypothèſe, que chaque votant ne ſe trompera qu'*une* fois ſur *cinq*.

trations inférieures le ſont auſſi avec avantage, & on pourrait citer pluſieurs exemples d'adminiſtrations ſupérieures qui le ſont ſans inconvénient. — Il eſt vrai que des adminiſtrations composées ſont ordinairement un foyer d'intrigues & de diſcorde, quand elles ſont composées d'*uſurpateurs*, comme étaient les triumvirs romains. C'eſt qu'une ambition illégitime cherchera toujours à régner ſeule, ne fût-ce que par la crainte de la trahiſon de ſes collègues. Mais, quand les hommes peuvent être légalement en poſſeſſion de l'autorité, on les verra généralement préférer un grand pouvoir, avec ſûreté & bonne renommée, à un pouvoir extrême, accompagné de dangers & de crimes.

Dans un directoire composé de cinq perſonnes, les membres purs & de bonne foi ſont à portée de ſurveiller ceux qui ne le ſont pas, & peuvent ainſi les obliger de l'être plus qu'ils ne le ſeraient naturellement, s'ils étaient ſeuls. — D'un autre côté, ſi la diſpoſition dominante dans un directoire composé eſt de vouloir le bien; une variété de perſonnes fourniſſant une variété de talens, il en réſulte, que le directoire peut mettre à profit le *mérite* particulier de chacun de ſes membres, auſſi facilement qu'il eſt porté à rejeter ce qu'il y aurait de *vicieux* de la part de quelqu'un d'entreux. — Un directoire composé, renouvelé *graduellement*, doit produire de la ſtabilité dans les ſyſtèmes du gouvernement, ſans qu'il réſulte aucun riſque d'un certain degré de permanence. Il ſera rarement dérangé par les maladies, tandis que le nombre de ſes membres facilitera l'expédition de ſes travaux multipliés; & certes dans un pays auſſi étendu que la France, on ne trouverait pas, ſurtout tant qu'elle ſera dans un état de criſe, une perſonne capable de remplir ſeule, & *par elle-même*, une pareille tâche. — Le prétexte des diviſions qui peuvent avoir lieu dans un directoire composé, ne peut être regardé comme ſolide; car, quoique les opinions puiſſent être partagées, les réſolutions adoptées par la majorité peuvent produire autant *d'unité de conduite*, qu'il y en aurait dans le directoire d'un ſeul.

Il

Il peut même arriver que le public ne s'aperçoive point de ces différens. D'ailleurs dans des temps de danger général, de légères divisions s'évanouissent ; & s'il en survenait de plus sérieuses, une législature comme celle de la France, sous sa constitution actuelle, trouverait aisément les moyens de les faire cesser. — Il n'est pas difficile de comprendre que le *secret* peut être mieux gardé par un directoire composé, que par un directoire d'un seul ; car celui-ci, étant obligé communément de se livrer à différentes communications confidentielles, & quelquefois à une sorte de conseil de cabinet, les secrets de l'état sont ainsi abandonnés à la discrétion & à la merci de personnes moins intéressées au bien de la chose, que ne le sont les membres d'un directoire composé. — Si l'on dit que cinq ont plus de pouvoir qu'un pour faire le mal, il faut considérer que la source de l'influence du directoire est une, quoique ceux qui y participent soient cinq ; & que dans le cas de divisions, le membre opposant non-seulement annulle son propre pouvoir, mais atténue celui des autres. D'ailleurs, si toute l'influence du crédit & de la disposition des places appartenait à un seul, elle produirait les maux trop connus qu'entraîne le régime des favoris. On a pris soin aussi d'isoler les uns des autres les membres du directoire, en statuant qu'ils ne peuvent être parens, & qu'il en sera changé un toutes les années. De plus, aucun d'eux ne peut, par lui-même, ou par ses proches, commander aucune partie de la force armée ; pouvoir qui, dans d'autres constitutions dont nous avons parlé, est en général abandonné, dans toutes ses branches, au chef du département exécutif *en personne*.

La préférence donnée au nombre *cinq* pour un directoire composé, est fondée sur la nécessité de rejeter *deux* & *quatre*, comme nombre pairs ; de sorte que le choix parmi les petits nombres, auxquels on s'accorde à le borner, doit se porter sur *trois* ou sur *cinq*. Le nombre *trois* est sujet à difficultés, soit parce qu'un des trois peut prendre aisément de l'ascendant sur un second (ce qui donnerait le résultat d'un directoire d'un seul) ; soit parce que le nombre de trois ne fait pas espérer aussi certainement cette variété de talens & d'expérience, & les autres avantages propres à un directoire composé d'un plus grand nombre de membres.

Gardons-nous bien de croire que ce soit un vice dans un directoire, d'être d'accord en principes avec ceux qui le nomment. C'est au contraire un de ses mérites réels; & dans toutes les hypothèses (c'est-à-dire que le directoire soit d'un seul ou de plusieurs), ceux qui l'ont nommé feront toujours en sorte de s'assurer de son adhésion à leurs systèmes, bons ou mauvais.

Telle est la supériorité d'un directoire composé (quand il est entouré de précautions convenables), sur le directoire d'un seul, même quand celui-ci est tiré d'une classe d'hommes chez lesquels on peut s'attendre à trouver du mérite, & qu'il est fréquemment renouvelé. Combien est donc plus grande sa supériorité sur un directoire d'un seul, tel que celui d'une monarchie, qui est permanent & héréditaire, qui ne donne lieu ni au choix, ni au renouvellement, qui de plus renferme dans son sein plusieurs germes de corruption! — Au reste, s'il y avoit quelque chose à objecter en France au mode actuel de la nomination du directoire, ce mode pourrait être changé sans porter atteinte à l'ensemble.

Pour conserver l'homogénéité & l'harmonie dans le gouvernement français, un agent particulier, sous le nom de *commissaire du pouvoir exécutif*, est attaché à chacune des parties du gouvernement, excepté la législature, pour exécuter les ordres du directoire ou surveiller de sa part. C'est ainsi qu'on a cherché à éviter le *trop* & le *trop peu*, qui se rencontrent si facilement dans un grand gouvernement, surtout à son début. On a voulu mettre chaque partie d'administration d'accord avec le directoire, dont on peut considérer les principes comme garantis par le choix qu'a fait de lui la législature, & dont le devoir est d'encourager ou de remontrer. — Les *commissaires* en particulier sont comme le pendule dans une horloge, ou le balancier dans quelques machines. Ils font deftinés à régler le mouvement des différentes parties, & à y produire l'uniformité, fans avoir aucun principe de mouvement en eux-mêmes.

Une autre remarque relative au directoire exécutif, nous fera mieux connaître la diftinction que nous avons faite de fes *pouvoirs difcrétionnaires*. Il exerce un pouvoir difcrétionnaire quant aux relations extérieures : il a feul, par exemple, le pouvoir de propofer la guerre, quoique la guerre ne puiffe être faite fans un décret formel rendu enfuite par les *deux* parties de la législature. Il fait feul les traités, quoique ces traités ne foient valides que par *la même* fanction. — Si nous confidérons avec quelle facilité la guerre s'engage, & combien il eft difficile de regagner la paix; fi nous prenons garde, de même, à l'influence des traités, au dehors fur la guerre, & au dedans fur la législature; nous ne trouverons pas qu'il faille être fort étonné que ces précautions aient été prifes. Le peuple romain, felon Polybe, exerçoit les mêmes droits de fanction fur la guerre, la paix & les traités. Le roi de la Grande-Bretagne même a cru néceffaire de foumettre à l'approbation des deux chambres de fon parlement des traités de commerce qui étoient une dérogation aux loix exiftantes.

Avec quel regret devons-nous donc voir un pays auffi refpectable que l'Amérique, qui a poffédé le pacifique Penn, donner au préfident de fa fédération, qui eft en charge pour quatre ans (1), & aux fénateurs qui fiégent pendant fix années, le droit exclu-

(1) Le préfident peut être militaire & aimer la guerre, ou être allié de tel ou tel étranger, ou être propriétaire de terres vacantes, ou agriculteur, ou commerçant dans tel ou tel genre; circonftances qui pourraient le faire pencher vers tel ou tel objet dans fes tranfactions politiques au dehors. — Ainfi, l'on ne veut pas de rois; parce que leurs mefures font perfonnelles, & on recrée la même difficulté dans une république!

ſif de décider de la guerre, de la paix, & des traités? Pourquoi n'y faire participer en aucune manière les repréſentans, qui ſont en fonctions ſeulement pour deux ans, & qui, étant élus le plus récemment, doivent être préſumés mieux inſtruits des faits, & des ſentimens du peuple? — Dans un pays comme l'Amérique ſeptentrionale, ſéparé des autres nations par l'immenſe Océan, par conſéquent livré à la merci de ſes agens diplomatiques dans l'étranger; dans une confédération dont les parties ſont ſi irritables, dont le lien central eſt ſi faible & néanmoins ſi important, aucun moyen n'eût dû être négligé pour connoître ce qui ſe paſſe chez les étrangers, & la diſpoſition des esprits dans l'intérieur. — Si les Américains n'avaient pas eu quelques reſtes des préjugés de leurs ancêtres, ils n'auraient pas été peut-être ſi enclins à ſuivre, s'il eſt permis de le dire, ſur ce point ainſi que ſur quelques autres, les exemples & la politique monarchiques & ariſtocratiques de l'Europe. Ils n'auraient pas conſidéré leur préſident comme un *chef*, & le ſénat comme un ſimple *conſeil*, dans une affaire qui tient plus à la légiſlation qu'à l'adminiſtration. — Ils n'auraient pas été plus ſéduits par la prétendue néceſſité du ſecret, que ne l'ont été les Romains & les Français. Dans une affaire publique par ſa nature, & dès-lors ſujette à être diſcutée par le public, n'eſt-ce pas une réſerve peu convenable que de dire: *nous voulons etablir le ſecret envers nos repréſentans?* Une matière qui peut donner lieu à accuſation, doit-elle être tenue cachée à ceux qui ont le droit d'accuſer? Le pouvoir qui participe à la confection des lois, & auquel appartient l'initiative des bills pécuniaires, doit-il être privé de la faculté d'agiter les queſtions qui intéreſſent les lois & qui peuvent néceſſiter une levée de ſubſides? On paraît penſer en Amérique comme chez les Anglais, que c'eſt aſſez dans ce cas de remettre la bourſe, qui eſt le nerf de la guerre, à la branche populaire du corps légiſlatif; comme ſi une guerre commencée n'obligeait pas à la ſoutenir pendant un temps! & comme ſi ſon cours & ſa fin ne pouvaient pas avoir des suites terribles ! Doit-on, d'après ces considérations, laisser dans le gouvernement un principe de divisions, qui pourra éclater illégitimement, mais peut-être nécessairement, au moment de l'exécution ; & cela dans la seule vue d'empêcher que l'affaire ne soit *discutée avant la ratification* ? car c'est à quoi tout cela se réduit. Lorsqu'un objet touche évidemment à l'intérêt national, il doit être géré publiquement, pour que sa gestion n'offre rien qui ne soit honnête : comme les ténèbres favorisent la malhonnêteté & l'ignorance, on commence à n'être plus dupe de l'air de mystère.

### *Du pouvoir judiciaire.*

Le *Pouvoir judiciaire*, dont nous avons à parler, ne doit pas être un objet de difficultés dans une constitution où le gouvernement n'est plus un monopole, & où les ordres privilégiés sont abolis. Il n'est plus qu'une justice purement distributive entre les individus, car, où tout est égal, tout est simple.

Telle est l'influence de l'habitude & des hommes de loi, que l'Angleterre & l'Amérique n'ont fait, dit-on, que peu de changemens dans leurs lois civiles, postérieurement à leurs révolutions, les ouvrages de jurisprudence de leurs ancêtres communs, peu avancés dans l'art social, étant encore en réputation chez eux. Juger & juger impartialement, est un bien : mais c'en est un aussi que de juger sagement, promptement & à peu de frais, & d'accorder la loi civile avec la justice naturelle, afin qu'elle soit plus aisément connue & mieux comprise, & qu'elle puisse d'ailleurs être en harmonie avec les sentimens moraux & par conséquent avec les *véritables* intérêts politiques. Réformer l'ordre judiciaire sans réformer les lois, c'est changer de médecin, en continuant de n'avoir qu'une mauvaise pharmacie. — Les Français ont fait, ou se sont proposé de faire ce double changement ; & c'était le seul moyen d'assurer ce qu'ils ont exécuté, car il ne faut pas *entreprendre de changer les hommes sans changer les choses.* (1)

(1) Ce fut, par cette raison, un coup de maître que la division de la France par *départemens.* Il est impossible de

Le pouvoir judiciaire en France est aujourd'hui totalement *représentatif*, ou, en d'autres termes, il est médiatement ou immédiatement électif. Il est accompagné d'un jury d'accusation & d'un jury de jugement dans les affaires criminelles, & de la voie d'arbitrage dans les affaires civiles, outre la ressource des appels. Mais il n'y a rien d'établi pour ce qu'on appelle ailleurs *pardon*, ou droit de *faire grâce*.

Ces expressions sont bien peu propres dans le sens dont il s'agit; car elles paraissent renfermer toujours l'idée d'absoudre le *coupable*. — Mais, s'il y a des cas où la loi, vague & négligente, ne présente pas les exceptions convenables, la faute en est à la loi, & non à l'accusé. Il est aussi des cas si particuliers qu'aucune exception générale ne peut leur être appliquée: mais ici encore on aurait tort de dire que l'accusé a droit au pardon; il a droit à sa mise en liberté (1).

Mais revenons à notre sujet général. La partie judiciaire de la constitution française promet de répondre

supputer toutes les misérables habitudes & les relations dangereuses que cette grande opération détruisit en un instant &, il faut l'espérer, pour toujours; sans parler de sa bonté intrinsèque à d'autres égards. — Elle fut aussi sagement exécutée que hardiment conçue, puisqu'elle n'a laissé subsister aucune réclamation importante. — Il ne se fera point de révolution en Europe, sans recourir à cette mesure fondementale: sans elle, il n'en peut être de parfaite ni de solide. — Elle n'est pas seulement convenable pour tous les pays, elle l'est aussi pour tous les temps; & comme en brisant les corporations on amène les citoyens à fraterniser à titre d'hommes, si avec le temps ils commencent à s'incorporer de nouveau, il faudra renouveler aussi la division du territoire. — Après la grande corporation de l'humanité, il n'en doit exister d'autre que celle de l'ensemble de la patrie.

(1) Après que le droit de faire grâce eut été aboli en France, il fut héroïque de la part d'une de ses assemblées, d'entendre, avec une douloureuse émotion, mais sans dévier des principes, qu'un homme allait périr victime d'une condamnation injuste. D'un autre côté, les jurés, qui tiennent de plus près à l'humanité, pensent que ce n'est pas seulement un acte de compassion, mais de justice, d'acquitter ceux que le vice de la loi obligerait de condamner. Ce point est une difficulté dans la législation, à laquelle il faut absolument trouver un remède.

aux vœux de la nation. C'eſt la nation qui nomme les juges, c'eſt la nation qui nomme les légiſlateurs; & avec tant de moyens de répreſſion, rien de ce qui pourrait lui être onéreux ne peut être de durée. Elle eſt en même temps attentive à toutes les inſtitutions recommandables dans la juriſprudence des autres peuples, & à celles qui ſont cenſurées dans la ſienne. — Surtout elle paraît déterminée à abolir la peine de mort. Que ceux qui voudraient la conſerver, liſent ce qu'en ont dit Rouſſeau & d'autres écrivains. Qu'ils réfléchiſſent ſur quel principe pourrait repoſer le droit d'infliger la peine de mort, quand il n'eſt pas au pouvoir de l'homme de créer la vie.

### *De la force armée.*

A quelques exceptions près, le grand objet des gouvernemens modernes eſt la guerre offenſive & défenſive; l'une néceſſitant l'autre, puiſque la paix, de l'aveu de tout le monde, n'eſt que ce qu'on appelle une trêve armée. Mais quoique ce ſoit le grand objet des gouvernemens, il n'y en a jamais eu de plus mal rempli; car leur tyrannie égoïſte leur ſuſcite des ennemis intérieurs, ce qui rend dangereux pour eux l'emploi de toutes leurs forces au dehors. — Les républiques anciennes étaient généralement plus conſéquentes. N'agiſſant pas uniquement pour l'avantage d'un ſeul, elles avaient moins d'ennemis domeſtiques; & dès-lors tout homme portant le nom de *citoyen*, était obligé de combattre pour l'intérêt général de ſa propre claſſe.

Cependant l'eſprit de la conſtitution françaiſe eſt encore plus ſage. Elle dit : tous ſeront libres, tous n'auront qu'un intérêt; tous combattront quand il ſera néceſſaire; mais cette néceſſité ſera renfermée dans les limites de la juſtice. Elle va même plus loin : en effet, il en réſulte qu'en temps de *paix* les troupes réglées ſont en petit nombre, & que, conſéquemment, le fardeau en eſt léger; mais qu'une force immenſe eſt prête à agir en temps de *guerre*. Elle unit ainſi l'économie à la force; tandis que ſes ennemis, oubliant les rapports que les finances ont aujourd'hui avec la guerre, tiennent ſouvent leur armée preſque ſur le même pied en temps de paix qu'en temps de guerre.

Quoi qu'il en ſoit, ſi les gouvernemens arbitraires ont rendu univerſel l'état de guerre, *les Français, à leur tour, ne rendront pas moins univerſel un ſyſtème pacifique.* Aucune puiſſance ne peut entrer en conteſtation avec la France, à moins d'armer tous ſes ſujets pour la ſoutenir; & qui haſardera, dans le ſiècle où nous ſommes, d'armer une nation entière, ſans être prêt à lui rendre juſtice? Les gouvernemens arbitraires ſeront donc obligés d'*opter* : il faudra qu'ils abandonnent la guerre, s'ils ne veulent pas renoncer au deſpotiſme. — La France eſt d'ailleurs trop puiſſante & trop centraliſée, pour ne pas ſeconder par une grande influence en Europe, des principes qui s'accordent ſi bien avec l'intérêt général. Quelques puiſſances l'imiteront; d'autres rechercheront ſa protection; d'autres la craindront. — Comme la guerre eſt déjà déteſtée par tous, excepté les princes & les miniſtres, qui trop ſouvent épouſent les ſentimens des princes, il en réſulte que les princes & les miniſtres devront adopter des principes pacifiques, ou deviendront les premières victimes de leur réſiſtance.

### *De l'instruction publique, du culte, et des fêtes nationales.*

En fait d'*inſtruction publique*, l'on a ſouvent erré pour s'être jeté d'un extrême à l'autre. Les gouvernemens ne s'en ſont pas aſſez occupés, ou ils y ſont trop intervenus. — La conſtitution françaiſe paraît tenir à cet égard un juſte milieu. Elle pourvoit à l'enſeignement des objets convenables; mais elle permet à chaque individu de recourir à d'autres moyens d'inſtruction, s'il le préfère. Elle exige ſeulement que tout *citoyen*, qui veut agir en cette qualité, pour garantie de ſon aptitude à jouir de ſes droits d'une manière indépendante & non nuiſible à ſes concitoyens, ſache lire, écrire & exercer une profeſſion méchanique ou agricole. — On n'a rien perdu, peut-être, pour n'avoir pas mis en activité, durant la révolution, l'établissement général de l'instruction publique. L'on peut mettre en question, si les leçons proprement dites n'ont pas été retardées avec quelque avantage pour un âge plus mûr. Si l'esprit de la jeunesse paraît rester trop long-temgs sans culture, il est au moins à l'abri des préjugés. Les hommes réfléchis ont même plusieurs raisons de croire que les moyens & les instrumens de l'éducation seront plus parfaits en conséquence de ce délai. — Néanmoins, dans un pays où tout procède des élections populaires, parce que *tout* y est représentatif, on ne doit jamais oublier que le caractère du gouvernement y dépend du peuple, &, par conséquent, de son instruction.

Le *culte public* ne doit jamais fixer l'attention nationale, pour *élever* ou *rabaisser* une secte quelconque. La constitution française observe sur ce point une parfaite neutralité. Elle laisse aux sectaires le soin de ce qui les concerne, en garantissant seulement la liberté de tous. — D'autres gouvernemens européens cherchent à faire des prosélytes, sans se mettre en peine de leur moralité : mais la constitution française cherche à rendre les hommes moraux, sans s'informer de leur religion. Quel intérêt ont en effet les gouvernemens au-delà des affaires de ce monde ? — Cependant ceux dont la religion s'accorde avec la moralité & la bienfaisance, trouveront que la constitution française recommande aussi l'une & l'autre, comme faisant partie du caractère & des devoirs du *citoyen*.

On trouve dans les républiques anciennes divers exemples de *fêtes publiques*; & plusieurs sectaires & moralistes ont enseigné le devoir de la *fraternité*. Mais la nation française a été la première, dans les temps modernes, à faire revivre les fêtes à la manière des anciens : elle a été aussi la première à préconiser la fraternité comme devoir *politique*, & c'est le premier objet de ses fêtes. On n'oubliera pas aisément quel abus on a fait de ce beau principe; mais nous montrerons bientôt quels précieux avantages il peut produire, mis en pratique de bonne foi.

La législature française pourra aisément donner de

l'extenſion à l'idée conſtitutionnelle des fêtes nationales. Les perſonnages qui auront rendu des ſervices à l'état, qui ſeront diſtingués par des vertus publiques ou domeſtiques, qui auront excellé dans les arts ou les ſciences, pourront être invités à paraître dans ces fêtes, ou, en leur abſence, n'être pas moins le ſujet de l'attention publique. Des évolutions militaires, des exercices de force ou d'agilité; des productions remarquables de la culture des champs ou des jardins, celles des arts, de l'eſprit ou de la nature; ce qui tend à inſtruire, ou à exciter l'amour de la liberté & de la vertu; tout ce qui tient enfin au bonheur public & particulier, y trouvera ſa place. — Des objets de *pur* amuſement ne doivent point entrer dans un tel plan : il eſt aſſez d'objets qui joignent l'agréable à l'utile. — Mais, au milieu de cette affluence de naturels du pays & d'étrangers, le gouvernement doit prendre le plus grand ſoin de protéger d'un côté la pauvreté & la vertu, & de réprimer de l'autre le vice, le luxe & la propagation des modes dangereuſes. Qu'il prenne garde que le tout ne dégénère en un pur ſpectacle, où les riches ne chercheraient qu'à ſatisfaire leurs goûts & à s'éclipſer les uns les autres, & où tous iraient ſe corrompre. Il eſt inutile d'obſerver qu'en bornant ces fêtes à la *capitale*, on diminuerait la ſphère de leur utilité, & qu'on accroîtrait le mal qui pourrait en réſulter.

### *Remarques générales.*

Nous ne nous arrêterons pas à diſcuter les articles peu importans de la conſtitution françaiſe. Son ſuccès dépend de ſes grands traits, de ſon eſprit dominant, & de celui des adminiſtrateurs & des adminiſtrés. Si elle eſt bonne dans ſes points eſſentiels, de petites erreurs ſeront aiſément corrigées : ſi elle eſt mauvaiſe dans ces mêmes points, de petits avantages ne la ſauveront pas. — Ce que nous en avons déjà dit, & quelques traits que nous en produirons dans un *appendix*, feront connaître ſon caractère. Nous laiſſerons aux diſputeurs polémiques le ſoin d'en critiquer les définitions ; nous n'avons ici en vue que ſon eſprit général, nous le répétons : or il eſt tout en ſaveur de la liberté, de la juſtice, de la fraternité, du maintien des propriétés, du bon ordre & de la ſoumiſſion de tous à la volonté générale ; & parce qu'il eſt tel, il inſpire une ſalutaire & active méfiance contre l'abus du gouvernement.

—

La conſtitution britannique, avec laquelle on compare celle de la France, commença par les *deux pouvoirs rivaux*, du roi & des barons. Il ne faut pas s'étonner s'ils eurent beſoin d'un troiſième pouvoir pour les concilier : ce troiſième, ſavoir les communes, eſt le premier auquel on aurait dû recourir. — Quand cette réunion eut acquis quelque conſiſtance, on vit le gouvernement britannique fleurir plus que tout autre en Europe ; & cette proſpérité comparative fut attribuée par quelques-uns à l'aſſemblage des *trois* branches, &, par d'autres, à la limitation du pouvoir des communes par celui du roi & des lords. — On porta trop loin cet éloge. Si les Orientaux enſeignaient qu'il y avait dans le monde deux principes, l'un du bien, l'autre du mal, c'était ſimplement pour expliquer le mal & non pour attribuer le bien au mauvais principe. Que les fauteurs du ſyſtème britannique faſſent comme eux, ils ſe rapprocheront, ſur ce point, de ſes critiques. — Mais reprenons notre ſujet. L'eſprit de la monarchie eſt naturellement celui d'une *corporation* ; elle cherche ſans ceſſe à s'aggrandir, & à s'aggrandir *excluſivement* : l'ariſtocratie a le même eſprit & la même tendance. Si donc on a le bonheur public en vue, il faut néceſſairement appeler le *peuple* à cet ouvrage. — Mais quand le peuple eſt ſeul, eſt-il ſi néceſſaire de lui adjoindre d'autres pouvoirs ? — N'obtient-on pas cette balance des pouvoirs, qu'on deſire, auſſi bien en *diviſant ceux qui proviennent du peuple*, qu'en réuniſſant ceux-ci en *maſſe*, & les balançant par d'autres pouvoirs étrangers à l'eſſence de la ſociété, & qui ne cherchent qu'à la contrarier & à la dégrader ? Par cette dernière méthode on fait intervenir des corporations, pour se prémunir contre des luttes dangereuses; c'est-à-dire, qu'on fait le mal *à moitié* pour se garantir *du reste*. — Si l'on peut instituer un gouvernement populaire qui ne s'éloigne jamais du peuple, qui soit toujours une portion renouvelée du peuple, toujours le peuple pur & simple; c'est sûrement là que nous devons trouver la liberté dans sa plus grande perfection. — D'autres gouvernemens peuvent être *bons;* mais le gouvernement populaire paraît devoir être le meilleur. Il pourrait être peu à propos de *changer* des gouvernemens déjà établis; mais celui-ci paraît seul mériter d'être adopté par une nation qui se trouve *sans gouvernement.*

Si nous allions en effet nous présenter à une nation assemblée, & lui dire que son premier objet dans la formation d'un gouvernement nouveau doit être la création de deux ou trois pouvoirs, dont les *intérêts seraient différens des siens;* les membres de cette assemblée ne pourraient qu'être étonnés de ce langage. Ils nous diraient : „ Nous concevons bien un gouvernement présentant différens départemens & différentes „ délibérations, avec un intérêt commun; & en conséquence nous voulons être représentés sous les „ différentes formes de législateurs, de juges & d'agens tous distincts : mais nous ne consentirons pas „ à ce qu'on crée des *intérêts* qui nous soient étrangers, „ qu'il faudrait que nous payassions bien cher, en „ argent ou en privilèges, afin de leur donner de „ l'autorité, & qui nous feraient éprouver ensuite „ que la grande efficacité de cette autorité serait de „ résister à nos vœux. Nous nous connaissons, *& nous nous fions à nous-mêmes;* mais nous ne voyons pas „ de raison pour nous confier préférablement, ni „ même simultanément, à l'intégrité, à l'habileté, à „ l'économie, ou au zèle de grands, qui nous méprisent surtout s'ils doivent rester en charge en vertu „ d'une succession héréditaire. „

Il serait difficile de combattre avec succès de telles idées chez un peuple sans préjugés. — Ce ne serait sûrement pas leur répondre que de dire que „ pour

„ assurer constamment aux membres du corps poli-„ tique leur action *indépendante*, il faut qu'ils aient „ *des intérêts de corps* séparés." — Si les divers accidens de la constitution humaine demandent qu'il y ait différentes professions de médecins, chirurgiens, sage-femmes & droguistes; les individus qui exercent ces professions ont-ils besoin, pour s'en acquitter comme ils le doivent, d'autres motifs que leur salaire, leur réputation & leur humanité ? — Toute l'histoire de la révolution française a présenté cette double vérité, qu'il est difficile de combiner des intérêts de corps pour le bien général, & que cependant les individus se vouent aisément au bien général par des motifs d'égoïsme. — Il serait étrange en mécanique de construire une machine, qui dût lancer en différentes directions, trois balles séparées qui se rencontreraient à une certaine distance, à l'effet de s'entrechoquer les unes les autres & de produire quelque mouvement composé. Ne vaudrait-il pas mieux faire une machine simple, qui opérât *sans perte de forces & sans confusion ?* Une telle machine peut avoir différentes parties, mais son but doit toujours être *un*.

Il ne doit pas y avoir, dans un état, deux autres intérêts *possibles* que ceux des *constituans* & des *représentans*, ou, en d'autres termes, du peuple & du gouvernement; & cette opposition entr'eux ne doit être regardée ni comme inévitable ni comme utile : l'opposition est un état de mal-*aise*, & non de santé, pour le corps politique. — Pour prévenir ces conflits, chaque délégué doit être souvent renouvelé (1); il ne doit être investi que d'une petite portion de la puissance politique ; il doit être astreint autant que possible à la publicité; il faut enfin, qu'il se sente responsable de la droiture de sa conduite. — Ces idées ne seront pas goûtées par les admirateurs de la

(1) Le renouvellement des délégués n'emporte pas toujours le changement des *personnes*, mais souvent seulement le renouvellement de leur *titre* aux mêmes fonctions. La constitution détermine les cas où les mêmes personnes ne peuvent pas jouir d'une prolongation d'office, même en vertu de leur confirmation par leurs constituans.

constitution britannique, telle qu'elle est aujourd'hui; eux qui sont satisfaits qu'il s'y trouve deux parties vicieuses, pour donner lieu à une troisième qui en soit le correctif, & qui ne peuvent souffrir d'entendre parler du peuple dans un sens collectif, comme *souverain* législateur, & moins encore comme *souverain* juge.

Les gouvernemens américains sont regardés par quelques-uns comme une nouvelle édition du gouvernement britannique, avec un changement de titre. Cette comparaison est peu équitable : il était naturel, & peut-être assez sage, d'accommoder ces gouvernemens nouveaux aux préjugés antiques qui régnaient à l'époque critique où ils furent établis. — Mais aussi la *nécessité* de cet esprit de conciliation n'est certainement pas une raison pour présumer que ces gouvernemens soient les meilleurs possibles. Les Américains ont bien effectivement changé d'une manière fort avantageuse différentes distributions de leurs vieux édifices (1) ; mais ils ont trop conservé de leurs vieux meubles, ainsi que de cette vieille étiquette empruntée de la famille des Anglais, leurs ancêtres, pour qu'ils aient fait de toutes les parties de leur ouvrage un modèle qui soit à l'usage des *autres* peuples.

Mais soyons justes. Les Anglais, en sortant des ténèbres de la nuit, firent quelques pas heureux vers la liberté politique & religieuse. Les Américains y ont fait des progrès immenses, à la faveur du grand jour, & en suivant la pente du terrain. Les Français profitant de l'accroissement des lumières & trouvant le chemin frayé, ont atteint complettement le but. — Les Anglais, inquiets principalement pour leurs propriétés & leur religion, ont fini par ne prendre de tout ce qui intéressait la liberté qu'un soin imparfait & partiel.

(1) Leurs anciennes constitutions surpassaient de beaucoup celle de leur mère-patrie, excepté en ce qu'elles lui étaient subordonnées. La preuve en est qu'on se retirait de l'Angleterre dans ces colonies comme dans un asyle. — Ce sont ces mêmes colonies dont les constitutions ont été si fort améliorées depuis leur indépendance. — Les constitutionnels anglais pourraient donc aller étudier la politique à l'école des petits-enfans de leurs ancêtres communs.

Les Américains, avec quelques réserves sur la liberté religieuse, & beaucoup de retenue sur l'esclavage des nègres, ont consenti que le reste pût être libre. Les Français ont voulu, à tout prix, que tous fussent libres, frères &, pour tout dire en un mot, *heureux.* Si les Français ont obtenu cet avantage, les Anglais doivent y applaudir : les Américains assurément s'en rejouiront pour le bien de l'humanité. Les sentimens de bienveillance des uns & des autres doivent même être accompagnés d'un retour naturel sur leur intérêt propre, lorsqu'ils découvrent un exemple dont ils peuvent profiter avec tout l'univers (1).

L'on objectera qu'un gouvernement populaire, est bon pour de petits états, mais *non pour ceux d'une grande étendue.*

Distinguons ici trois cas. — Premièrement, il y a une démocratie où chacun veut gouverner *en personne*, & qu'on ne peut appliquer à un grand état ; car elle est détestable même dans un petit. Mais la constitution française, pour éviter cet inconvénient, a établi une *représentation* complette, & basée sur une gradation de deux & quelquefois de trois élections. — Le second cas est celui d'une démocratie qui établit la tyrannie sur une partie des membres de la grande famille. Un état qui s'est par-là suscité des ennemis dans l'intérieur, a une de ses mains liées contre les ennemis du dehors. Tous les individus qu'il renferme, ayant d'ailleurs leurs mœurs plus ou moins corrompues, & leur entendement plus ou moins perverti, soit par l'autorité qu'ils exercent, soit par la dégradation qu'ils subissent ; l'état entier se ressent néces-

(1) Rien de plus méprisable qu'une émulation qui tend à rabaisser ses collaborateurs. Mais c'est au contraire une double sagesse de faire soi-même des progrès, & d'être heureux de ceux de ses semblables. Le vrai bonheur est social ; on aide & on est aidé. Quand on veut dominer sur tous, on devient jaloux de son voisin, glorieux de soi-même, & tout est divisions. Ce n'est pas à la *nature*, mais aux *corporations* qu'il faut imputer ces maux : quand celles-ci seront brisées, & que leurs restes ne s'agiteront plus, on verra un nouvel univers.

ſairement de cette détérioration. Qu'une telle république ſoit grande ou petite, nous y voyons ſimplement une corporation dont les membres affectent quelque égalité entr'eux, tandis qu'il n'y en a pas dans l'état en général. — Une troiſième eſpèce de démocratie, eſt celle d'une république *conquérante*, par le réſultat de ſes inſtitutions particulières. Il eſt rare d'être à la fois conquérant & juſte. Mais s'il arrive que les conquérans incorporent leurs nouvelles poſſeſſions comme partie intégrante d'une république de ce genre, l'introduction de mœurs étrangères ſera dégénérer les anciennes. Si d'un autre côté la république conquérante maintient dans l'aſſujettiſſement ſes acquiſitions nouvelles, elle ſe détruira par l'habitude du pillage & de la domination. — Ce n'eſt d'aucune de ces eſpèces de républiques que nous avons entrepris l'éloge: elles ne reſſemblent point à celle de la France; elles ne s'accordent ni avec le bon ſens ni avec la juſtice.

Mais nous parlons des avantages d'une république d'une grande étendue, une & indiviſible, quand elle repoſe ſur les vrais principes de la repréſentation, de l'égalité & de la fraternité. — *L'éloignement* des différentes portions d'un empire vaſte peut préſenter l'inconvénient du *retard* dans les opérations; mais le même inconvénient ſe trouve dans le gouvernement lent & tardif d'un petit empire. Ajoutons qu'il y a différens moyens mécaniques pour accélérer l'expédition des affaires; moyens qui abrègent en quelque ſorte les diſtances & qui épargnent le temps. — Remarquons auſſi que, comme on l'a dit avec raiſon, une monarchie retire des provinces éloignées leurs richeſſes, & ne leur envoie rien en retour que l'exercice de ſon autorité. C'eſt une ſituation bien fâcheuſe, dans une grande monarchie, que celle de ſes provinces gouvernées par une autorité qui y eſt peu connue, & dont le centre eſt éloigné, deſquelles il *n'émane*, & dans leſquelles il ne *réſide* aucune autorité confiée aux naturels du pays. — Au contraire, dans une république vaſte, & néanmoins bien organiſée, tout eſt reſpecté, parce que tout eſt repréſenté dans le corps du gouvernement. Les adminiſtrations judiciaires & civiles

conviennent

conviennent aux administrés, parce qu'elles sont locales; elles sont vigilantes dans leurs fonctions, parce qu'elles sont fréquemment renouvelées par ceux auxquels elles se rapportent : la force militaire ne peut être inquiétante; car c'est le peuple lui-même, agissant sous les ordres des magistrats civils, élus aussi par le peuple. Les parties d'un tel gouvernement réunissent donc l'avantage des institutions locales & l'avantage de l'union intime avec un grand tout : elles sont gouvernées fidèlement, parce que dans plusieurs cas elles se gouvernent elles-mêmes, & que dans les autres cas, étant toutes réunies par représentation dans le gouvernement central, elles redressent *en commun* le tort essuyé par quelqu'une d'entr'elles. L'autorité publique n'est jamais faible dans une république, quand elle est bien administrée, parce qu'elle est renforcée par l'affection & l'intérêt; mais quand elle est abusive, il est heureux qu'elle s'affaiblisse.

Pour prouver que nous n'avons rien exagéré ici, jetons les yeux sur un exemple qui est plus analogue à une république vaste, qu'à une monarchie ordinaire. — La *Chine*, qui est plus de *cinq fois* aussi étendue que la France, & près de *huit fois* aussi peuplée, est administrée depuis plus de mille ans par une hiérarchie politique, divisée en une série d'agences ascendantes & d'instructions descendantes (1). Elle a pourvu avec un succès non interrompu à cinq grands objets du gouvernement, savoir, les subsistances, l'économie, la paix, les mœurs (2), & la population,

(1) En administration, comme en justice, l'autorité s'y exerce par une suite de tribunaux ou de préposés intermédiaires, en remontant à l'empereur. — L'instruction se communique de l'empereur aux mandarins, & des différentes classes de ceux-ci graduellement au peuple. *Note du Traducteur.*

(2) Les Chinois préconisent le respect filial, même à l'excès; & il en est de même de quelques autres vertus. Mais ils préconisent aussi les cérémonies; & ce ne sont pas des vertus, même dans leur origine. Nous sommes donc bien éloignés de louer sans réserve les *mœurs* que prêchent les Chinois. Tout se réduit à dire que leurs législateurs ont réussi à faire régner telles mœurs qu'ils ont voulu; & c'est dire beaucoup

qui eſt leur réſultat aſſuré : tant il eſt facile de conduire un grand gouvernement en prenant les principes convenables. — La monarchie en Chine a eu ſi peu à faire à tout cela, que les dynaſties ont changé pluſieurs fois ſans que le ſyſtème ait été altéré. — La raiſon en eſt que, l'empereur excepté, tout homme en Chine eſt *élevé* pour ſa place. Dans la république françaiſe tout homme eſt *élu* pour ſa place. Dans la plupart des monarchies d'Europe, tout homme eſt *né* pour les places, ou il eſt élu par ceux qui ſont nés pour elles, ou par les favoris de ces derniers, qui ſont communément guidés dans leur choix par des motifs d'intérêt. — Ainſi l'analogie entre la Chine & la France actuelle eſt frappante. Le parallèle eſt encore vrai à d'autres égards. Les deux pays ſont également ſans établiſſement public pour l'enſeignement des opinions religieuſes proprement dites ; ils ont l'un & l'autre peu de poſſeſſions étrangères, un gouvernement uniforme pour tout l'empire, & dont la baſe eſt l'agriculture. Mais la France l'emporte ſur la Chine par les avantages de la liberté, par ſon grand ſyſtème militaire, & par ſes progrès dans les arts & dans les ſciences ; car, ſur ce dernier objet, la Chine a été, pour ainſi dire, ſtationnaire pendant pluſieurs ſiècles, par des circonſtances tant mécaniques que politiques (1). — Dira-t-on encore après cela que la Chine eſt ſage & la France folle ? Ce ſeroit bien faire dépendre la vérité de l'eſprit de parti.

La France ne doit donc pas *déſeſpérer* de ſon bonheur, à cauſe de ſon étendue. — Il réſulte même de cette étendue des *avantages poſitifs*, dont nous n'indiquerons que quelques-uns. Un pays vaſte, par exemple, n'a pas à craindre une invaſion hoſtile pour ſes provinces de

d'un ſyſtème qui dure depuis un très-grand nombre de ſiècles.

(1) „ De quelque peuple policé de l'Aſie que nous par-„ lions, nous pouvons nous dire de lui, il nous a *précédés*, „ & nous l'avons *ſurpaſſé*. „ Voltaire, Eſſai ſur les mœurs, chap. 158.

l'intérieur, & ses grandes dimensions lui assurent de grands bienfaits de la nature, comme une variété de climats, la libre navigation de grandes rivières, & différens ports dans différentes mers. Il est aussi à tous égards indépendant de ses voisins (avantage dont la Chine est encore un exemple remarquable); & il peut en conséquence se mettre peu en peine des guerres & de la politique étrangères : ce qui n'empêchera pas que ses citoyens ne soient respectés au dehors, & qu'ils ne ressentent les avantages de ce respect dans des traités de commerce, aussi long-temps que la folie des hommes rendra de tels traités nécessaires. Son commerce intérieur sera varié & étendu, & éprouvera moins d'entraves que si ses parties existaient sous des gouvernemens différens. Un autre avantage d'un tel pays, c'est que toute entreprise d'une utilité générale peut être puissamment secondée ; nous rangeons dans cette classe les objets de littérature. Les productions du génie national se mutiplient ; & *plusieurs* sont à portée d'apprendre ce *qu'un seul* individu est à même d'enseigner. En général, ses parties, au lieu de s'entre-nuire, prospèrent, & l'une fait prospérer l'autre : contraste bien frappant avec ce qui arrive dans des pays morcelés, comme la Grèce ancienne, & l'Allemagne moderne. A la vérité cette dernière a un gouvernement collectif, mais dans la réalité il n'est pas prédominant. Enfin, les charges & les dépenses du gouvernement sont, à plusieurs égards, proportionnellement moindres. — Pour éclaircir cette dernière idée, supposons une ligne tirée du nord au sud, & une autre, de l'est à l'ouest, traversant la France, en passant par son centre, & la divisant en quatre parties. Si chacune de ces parties avait un gouvernement séparé, présentant *deux frontières nouvelles*, elle aurait besoin de faire une dépense double en forteresses, en troupes & en douanes. Si ces quatre parties étaient encore subdivisées de la même manière, il y aurait seize gouvernemens avec des difficultés *quatre fois* plus grandes ; & une autre subdivision donnerait soixante-quatre gouvernemens, bien plus grands que ceux des républiques de la Grèce,

& dont les mêmes difficultés mécaniques, si nous pouvons les appeler ainsi, seraient en totalité *huit fois plus grandes* que celles attachées à la grande république de la France. Ajoutons à tout ceci, que chaque partie indépendante, soit le quart, soit le seizième, soit le soixante-quatrième du tout, doit avoir sa législature, son directoire, ses ministres *séparés*, au lieu que le tout n'a qu'un seul établissement général. — Ce sont des vérités dont l'Allemagne est bien instruite par une triste expérience; & surtout, parce que les limites de ses petits gouvernemens actuels ne sont point en lignes droites, mais, au contraire, allongées par leurs différentes obliquités.

Nous pouvons remarquer ici que, dans la réalité, *Rome*, pendant un temps, fut une république d'une étendue immense, & qu'elle a péri, non parce que c'était une république trop vaste, mais parce que son organisation était *vicieuse*. Il y avait deux partis constitutionnels, le sénatorial & le plébeïen. Il y avoit en outre un ordre équestre, des sujets, des affranchis, & des esclaves. Son ancienne jurisprudence était détestable. La république tenait sous sa dépendance de grands territoires au dehors, en même temps qu'elle donnait à plusieurs étrangers le droit de cité. Elle n'était pas proprement représentative; & pour avoir part *personnellement* aux actes importans de son gouvernement, il fallait que les habitans des provinces fissent à chaque occasion un voyage à Rome. Elle était conquérante, & avait la faiblesse de prolonger le commandement de ses généraux victorieux; & ceux-ci conséquemment luttèrent souvent contre la forme républicaine du gouvernement, & finirent par la détruire. Bref, Rome était dans son origine une monarchie mixte, qui fut ensuite peu habilement organisée en République; & elle changea de temps en temps la forme de son gouvernement, non en vertu des principes & d'une délibération, mais au gré des partis & des évènemens. — Cependant ce grand empire subsista comme république, pendant plusieurs siècles; il survécut à plusieurs monarchies, & même il les conquit. Il dut même sa durée, dans tous les temps, comme monarchie, à ses matériaux républicains; durée bien remarquable, car en comptant ensemble la république & la monarchie, l'une de ses branches (celle de l'ouest) subsista plus de mille ans, & celle de l'est plus de deux mille. Cette longue vie politique est sans exemple dans les annales authentiques de l'histoire, excepté la Chine, entre laquelle & la France nous observons qu'il y a une si grande analogie.

Revenons donc à la *Chine*, & reprenons l'objet de la *représentation*. — On peut dire que les mandarins, (ou hommes de lettres) y forment la partie *intellectuelle* du gouvernement; tandis que l'empereur & les principes fondamentaux de l'empire sont sa *volonté*, & que l'empereur & les mandarins ensemble en dirigent *l'action*. — Où est donc le *peuple*? Le peuple, hélas! comme, dans la plupart des autres contrées, n'y est que pour *obéir* (1). — En Chine cependant, le fondateur ou les fondateurs philantropes du système de gouvernement, ont heureusement fait de la prospérité publique leur objet capital; & les gouverneurs de la Chine entrent en effet *en société avec le peuple pour leurs intérêts privés*, la grandeur du gouvernement reposant sur la base de la grandeur du peuple. — La Chine est du petit nombre des pays qui forment leurs hommes d'état par l'éducation. Les anciens bramines de l'Inde, & les jésuites du Paraguai ont fourni de pareils exemples. Quant aux prêtres chaldéens, égyptiens & persans, & aux druides des Celtes, ils peuvent intéresser les mythologistes & les antiquaires;

(1) Telles furent, selon les journaux, les propres paroles d'un évêque anglais, déclamant, en dernier lieu, comme législateur, contre le peuple. — Dans quelques parties de l'Amérique, un prêtre ne peut pas même être *élu* pour la législature. C'est peut-être une exclusion peu convenable; car des prêtres peuvent avoir une bonne morale. Mais des prêtres élus pour de courts intervalles, ne diraient pas aux électeurs: *Vous n'êtes faits que pour obéir.* Ils sentiraient que c'est à eux à obéir. — C'est qu'un évêque anglais siége, comme de droit, pour toute sa vie. D'ailleurs le roi, qui ne l'a fait qu'évêque pauvre, peut en faire un riche évêque, & encore un plus riche, plus puissant & plus magnifique archevêque: le voilà donc anti-populaire pour le reste de sa vie.

mais le politique & le philantrope doivent remarquer qu'ils n'ont produit aucun bonheur politique, & plutôt, en général, le contraire. Du reste les mandarins, les anciens bramins, & les jésuites américains ne formaient réellement que des corporations qui prenaient soin de l'état, comme elles auraient fait de la *propriété particulière de leur ordre*, dans la vue de tourner le tout à leur profit. Ils considéraient de fait, si ce n'est en principe, le peuple comme un instrument secondaire dans les mains du gouvernement.

Le système de la représentation & d'une liberté égale pour tous, dans un pays éclairé, comme la France, réunit tous les avantages & remédie à tous les défauts du système chinois. Après avoir pourvu par de bonnes lois à l'éducation de *tous* indistinctement, on *choisit* pour gouverner ceux dont l'éducation, dans l'opinion du public, a eu le plus de succès; mais on a soin que cette supériorité de talens soit accompagnée d'une condition, sans laquelle elle pourrait devenir un mal, savoir, l'attachement au bien public. Comme cependant une méprise est encore possible, ou que ceux qui ont bien commencé peuvent se corrompre avec le temps, ces élections sont régulièrement renouvelées. *L'éducation* & les *élections* coïncident ainsi dans la constitution française; le gouvernement & le peuple peuvent de cette manière être maintenus dans un accord parfait. Le peuple a également en France la faculté de devenir riche, aussi bien que le gouvernement; mais avec cette différence que le gouvernement ne doit avoir de paye que ce qui est nécessaire & convenable, le peuple y formant l'objet capital du gouvernement, & les *gouverneurs* n'y étant que des instrumens secondaires (ce que le peuple est ailleurs). — C'est avoir assez comparé la France & la Chine; car nous avons déjà observé que *l'éducation* française est aussi bonne que la chinoise; & il n'y a en Europe aucun pays où il y ait autant d'ardeur que chez les Français, pour l'étude de *l'économie politique*, d'après les mêmes principes que professent les Chinois.

Nous pourrions abandonner ici les exemples ; mais nous y revenons pour résoudre une difficulté. — *Si la liberté a été imparfaite par-tout, faute d'une représentation* égale, il ne peut donc exister *d'exemples* en faveur d'une telle représentation. Soit ; mais tous les exemples n'ont-ils pas constamment montré l'esclavage comme une source de calamités, par l'isolement & le caractère exclusif de son gouvernement ? — Au contraire, à *proportion* que les nations ont été libres & représentées, on les a vues capables de bonheur. — L'Angleterre, sur la constitution de laquelle tant de personnes se sont plues à débiter des rêveries, sans l'avoir étudiée ni dans sa théorie ni dans sa pratique, l'Angleterre en est un exemple frappant : nous pouvons ajouter en passant, que sa félicité ne diminua point quand elle accrut son territoire & sa population par sa réunion avec l'Écosse. — Les Anglo-Américains ont toujours fleuri par les mêmes principes ; & depuis qu'ils sont gouvernés plus par eux-mêmes & plus complettement représentés, leur prospérité est telle que personne ne pourrait découvrir chez eux les traces de leur guerre révolutionnaire de sept ans, qui fut si terrible & qui est terminée depuis si peu de temps. Ils doivent beaucoup, il est vrai, à la vaste étendue de leurs terres vacantes ; mais d'autres pays, tels que les colonies espagnoles & portugaises, & plusieurs des contrées de la Russie, ont ces mêmes avantages, & font peu de progrès, faute de liberté & de représentation.

Mais pourquoi nous arrêter à des exemples, quand nous avons pour nous des *principes évidens par eux-mêmes ?* — Aussitôt que la boussole fut découverte, les navigateurs les plus timides se répandirent sur l'Océan pour chercher les régions éloignées. Peut-il y avoir pour l'homme une meilleure étoile polaire que son intérêt privé, confié à une représentation de tous ? La représentation est pour un état, ce qu'est pour un homme la faculté d'agir par soi-même ; c'est le principe de son existence indépendante. Pourquoi donc un état se mettrait-il sous la direction d'une corporation qui *se corrompt elle-même*, quand il peut user de ſes propres yeux, de ſes ſentimens, & agir ſelon ſes propres vues? — Une repréſentation égale, particulièrement dans la gradation double & triple de ſes élections, eſt une découverte moderne en pratique, dont le mérite ne conſiſte pas ſeulement dans ſa ſimplicité, mais, comme nous le montrerons bientôt, dans *l'univerſalité de ſon application.* — Mais nous ne ſaurions maintenant trop répéter que ce n'eſt pas aſſez d'être repréſenté; il faut que la repréſentation ſoit fréquemment renouvelée. Pour que l'aiguille politique ait ſa véritable direction, elle doit être ſouvent retouchée, & toutes ſes variations polaires ſouvent examinées. De fréquentes élections auront l'avantage qu'elles n'exciteront pas ſeulement les talens d'un grand nombre d'individus, mais encore qu'elles les mettront à l'épreuve, & les développeront. Elles attacheront auſſi plus de perſonnes aux affaires publiques, & pourront rendre inutiles les brigues & la corruption.

Une nouvelle objection ſe préſente. Il faut, dit-on, de la *vertu* dans une république, & ce n'eſt pas ce qu'on trouve en France. — Mais ceux qui tiennent ce langage ferment donc les yeux ſur les qualités des armées françaiſes, compoſées indiſtinctement de l'immenſe population de la république. Qu'auraient fait de plus les Spartiates & les Romains? N'ont-elles pas eu à lutter contre les plus cruels de tous les ennemis, la faim, la nudité & le froid? ont-elles ceſſé de braver la mort ſur le champ de bataille, lors même qu'elles n'avaient ni ſolde ni l'appât du butin, & quoiqu'elles fuſſent en butte à toutes ſortes d'artifices & de ſéductions?

On ſe méprend, il faut le dire, aſſez communément ſur des points intéreſſans de l'antiquité. — Quelques républiques, comme Sparte, ont eu des inſtitutions *onéreuſes* auxquelles les citoyens ſe ſont ſouſtraits eux-mêmes ſucceſſivement; d'autres ont eu des *vices* réels d'organiſation, qui ne pouvaient être compenſés que par les efforts perſonnels des citoyens; d'autres ſont devenues

devenues *conquérantes ou commerçantes*, & n'ont pu résister aux tentations toujours croissantes de l'ambition & de la cupidité ; d'autres enfin contenaient des institutions d'une nature si *équivoque* (comme celles concernant les jeunes filles à Sparte & les dictateurs à Rome), que le changement des temps les rendit décidément mauvaises. — Mais d'où sont tirés tous ces exemples, sinon de républiques mal organisées ? Les *vices de la république* avaient besoin d'être contre-balancés par les *vertus des individus* ; ou, en d'autres termes, les individus étaient obligés de faire constamment le sacrifice d'eux-mêmes à la république, sans en recevoir un juste retour ; & quand les mouvemens naturels ou le sens commun eurent dissipé le prestige, ce fut fait de la république. — N'oublions pas que les vertus en question n'étaient pas tant ce qu'on peut appeler des vertus *finales*, que des vertus de *moyen*, soutenues par les vertus *privées*. Mourir plutôt que d'abandonner son poste à une bataille, respecter la foi du serment, s'accoutumer à traiter son corps durement, être sobre, chaste, soumis à l'autorité paternelle ; toutes ces vertus se rapportaient plus, dans l'intention du législateur, à la conservation ou à l'accroissement de la république, qu'à la perfection de son but. Aussi trouvons-nous à peine que ceux qui ont institué quelques-unes des républiques de l'antiquité, aient fait aucune mention de la bienveillance, de l'humanité, de la charité, de l'amour de la paix, de la justice publique, & de l'obligation d'étendre les connaissances vraiment utiles.

Le véritable objet d'un gouvernement est le bonheur de ceux qui sont *gouvernés* ; & un des meilleurs moyens d'atteindre ce but, c'est d'assurer en premier lieu la vertu des *gouvernans*. Dans cette vue, répétons-le sans cesse, le pouvoir doit leur être *prêté* & non donné ; il doit être divisé, surveillé, & promptement retiré ; la publicité & la responsabilité doivent être attachées à son exercice ; ses objets doivent être soigneusement limités & déterminés ; il ne doit rien s'y trouver qui sente la corporation ou les privilèges.

Le mérite d'un tel gouvernement consiste en ce

qu'il court peu de risques par le manque de vertus extraordinaires chez ceux qui sont *gouvernés*, & en ce qu'il embrasse des hommes de tous les caractères, pourvu qu'ils aient assez de résolution pour être eux-mêmes indépendans, & assez de bon sens & de justice pour respecter l'indépendance des autres. C'est, en un mot, un gouvernement assorti à chaque climat, à toutes les religions, aux diverses trempes des caractères ; il s'accommode au chasseur, au pêcheur, au berger, au cultivateur ; il est fait pour le riche & pour le pauvre, pour le savant & pour l'ignorant, pour l'homme civilisé & pour celui qui ne l'est pas, pour l'homme pur & même pour l'homme corrompu, autant qu'un gouvernement quelconque peut prospérer à côté de la corruption. — Ceux qui vivent sous ses lois, doivent avoir principalement les qualités qui sont nécessaires aux membres de toute autre association ; telle, par exemple, qu'une société de commerce. Il faut qu'ils recherchent leur propre intérêt, & ne nuisent point à celui des autres; en d'autres termes, chacun doit agir pour *soi*, & ne pas empêcher l'action de *l'ensemble*. — Ce même exemple d'une compagnie de commerce peut servir à confirmer nos autres propositions. Nul ne voudrait donner aux directeurs d'une telle compagnie, un pouvoir absolu & héréditaire sans responsabilité, quand même il ne serait intéressé que pour une partie de sa fortune; nulle association politique ne doit donc tomber dans une telle erreur, lorsque toute la fortune de chaque individu en dépend, & avec elle sa vie, sa liberté, son bonheur social & domestique, & sa tranquillité.

Si un gouvernement politique était organisé d'après les principes que nous avons exposés ci-dessus, il irait toujours en *s'améliorant : il pourrait commencer mal, mais il finirait bien.* — C'est exactement le contraire de ce qui est arrivé dans les républiques anciennes. Elles étaient l'ouvrage d'hommes qui aimaient les tours de force politiques, ou d'intrigans, plutôt que de législateurs sages & bienfaisans : c'étaient des écoles où l'on s'attachait à combattre la nature, sans presqu'aucun avantage pour la société. Elles ne remplissaient enfin les vues de leurs fondateurs qu'autant que durait une certaine impulſion. En faiſant naître ainſi de ſérieuſes recherches ſur ces républiques, on provoquerait la plus terrible ſatyre qui ait jamais été écrite contr'elles (1), & le panégyrique le plus triomphant de la conſtitution françaiſe.

Nous ajouterons qu'il ne faut pas un grand effort pour aimer ſa tranquillité, ſa propriété, & les avantages attachés à la qualité de membres d'une grande ſociété, bien réglée, qui ne trouble la vie privée que le moins poſſible, & qui ne fait nulle acception des perſonnes. Un gouvernement républicain où règne l'égalité, laiſſe autant de latitude & de ſpontanéité pour faire le bien, qu'il y en a dans les monarchies & les gouvernemens mixtes. Enfin, les charges d'un tel gouvernement doivent naturellement être moindres, & la conviction de leur juſtice finira par les rendre volontaires.

Le gouvernement dont nous parlons, n'impoſe aux gouvernés que quatre obligations importantes. 1.° Ils doivent prendre part aux élections, s'ils ne veulent perdre celle qu'ils ont au gouvernement.

(1) Si un homme était chaſte, ſobre, ſoigneux en tout dans ſa manière de vivre, & cela ſeulement pour devenir un athlète vigoureux, nous lui donnerions peu de louanges. Que dirions-nous, s'il le faiſait ſimplement pour devenir un tyran dans ſa famille, ou un brigand & un aſſaſſin formidable pour les étrangers? — C'eſt cependant le tableau de la plupart des républiques anciennes. En les voyant, il nous reſte ſeulement la conſolation de penſer que, lorſque les gouvernemens tendent à une bonne fin, il ne faut pas beaucoup de peine pour donner aux vertus les plus difficiles, les formes les plus décidées & les mieux caractériſées.

Au reſte, on ſe trompe ſouvent de même ſur le but & l'utilité des vertus & des qualités des princes. „ Nous „ trouvons (dit Sully) mille choſes à admirer dans Phi„ lippe-Auguſte, Saint Louis, Philippe le Bel, Charles le „ Sage, Charles VII, Louis XII. Quel dommage que tant „ de vertus ou de grandes qualités n'aient pas porté ſur d'autres „ fondemens! Qu'avec plaiſir on leur donnerait le nom de „ grands rois, ſi l'on pouvait ſe cacher *que leurs peuples ont* „ *été malheureux?* „ Mémoires de Sully, livre 30.

2.° Ils doivent dans l'occasion s'acquitter de leurs fonctions militaires, que l'expérience prouve n'être qu'un fardeau léger dans les républiques, quoique si pesant dans les monarchies. 3.° Ils doivent se laisser réciproquement la liberté de suivre les opinions religieuses qu'ils jugent bonnes; & ne demander aucun établissement public pour le maintien de leur culte. 4.° Ils doivent permettre à ceux qui n'ont point de prétentions à ce qu'on appelle la naissance ou la fortune, de concourir avec eux pour obtenir la considération publique. — Cette dernière condition est pénible pour les grands, qui ne peuvent souffrir que des villageois & des marchands soient promus aux places, à raison de qualités qu'on n'acquiert pas sans quelque peine; pendant qu'il n'en a coûté nulle peine aux premiers, pour être les descendans de leurs ancêtres, &, pour être les propriétaires de leur fortune, la peine seulement, peut-être, d'un peu de flatterie ou de malversation.

Qu'on nesuppose pas qu'on veuille ici attaquelr 'utilité de la *vertu*. — Les intentions & les opérations d'une république représentative avec de fréquentes élections, lui seront toujours favorables. Elles empêcheront qu'aucun citoyen n'occupe, au moins long-temps. un poste public, s'il n'a pas en sa faveur l'opinion de ses voisins, fondée sur quelque qualité essentielle. Elles favoriseront la moralité privée, non-seulement par ses rapports avec la moralité publique (1), mais encore parce que, si un individu est corrompu, une fraction de l'état perd sa valeur & peut corrompre d'autres portions. — C'est en partie par cette raison qu'on a insisté ici sur la vertu des *gouvernans*, comme étant liée avec celle des gouvernés. Les gouvernemens fondés sur la force ou sur l'influence des corporations, mettent la bigotterie, la superstition & l'ignorance à la place de la vertu. Ce n'est sûrement pas à cause de leur amour pour la vertu, que ces gouvernemens sont préconisés par ceux qui critiquent la république

(1) En général les vertus publiques & privées sont les mêmes, ou ont des rapports entr'elles, & se soutiennent les unes les autres.

française ; puisque la seule vertu dont ils font un besoin au peuple est la *patience*, & que leur seul art, après l'avoir dépouillé, est de le contenir avec le moindre appareil de force possible. En un mot, la vertu est utile dans tous les gouvernemens : elle l'est *surtout* dans les républiques ; car il peut s'y élever des *crises* où tout serait perdu sans elle. — Mais le grand mérite de la république française, est que, par une bonne éducation, par des lois libérales, & par de généreuses habitudes, elle pourvoit à *l'extinction de plusieurs grands vices* de l'esprit & du cœur ; tels que la servilité, la superstition, l'inhumanité & tant de fausses notions sur le mérite, qui donnent une direction dangereuse aux applaudissemens du public. Ce n'est pas, non plus, un de ses moindres mérites, sous le rapport du progrès des vertus politiques, que de réprimer, comme elle le fait, l'amour de la domination & de la guerre, par conséquent des conquêtes inutiles, & d'éviter la multiplicité des taxes, qui fournissent tant de moyens de corruption.

Mais on dira que tout ce raisonnement est inutile, vu le caractère de la nation française, & les qualités de ceux qui sont en possession de son gouvernement. Montrons que cette objection est aussi faible que les autres.

## CHAPITRE III.

### *Caractères de la nation française & de son gouvernement, relativement à la nouvelle constitution.*

Ce mot si répété du prince de Condé, *qu'il n'est pas de héros pour son valet de chambre*, peut s'appliquer à la politique des nations. Ce n'est pas seulement parce que la familiarité diminue souvent l'estime; mais parce que les exceptions & les détails, comme nous l'avons déjà observé, rendent plus difficile la fixation des règles générales. L'animal le plus fier de ceux qui foulent la terre, eſt moins propre à juger du point qu'il occupe ſur ſa ſurface, que le plus petit oiſeau qui, dans le cours d'un vol rapide, le voit du haut des airs. Nous devons donc laiſſer là des vues trop minutieuſes, & conſidérer les choſes en grand, avec candeur & hardieſſe.

Qu'on nous diſe ce qu'il était poſſible d'attendre d'une nation, connaiſſant trop les principes de la liberté pour ſon ancien gouvernement, & trop peu pour le nouveau ; quand les puiſſances étrangères, les prêtres, les nobles, les courtiſans, les oiſifs, les intriguans, & tous ceux qui avaient perdu leurs places ou leur état, formaient la coalition la plus formidable qu'on ait jamais vue en Europe, & qu'ils avaient les plus grands moyens pour remplir de convulſions l'interrègne par lequel il fallait paſſer. Si dans le cours de trois ou quatre ans une conſtitution a été proclamée par les partiſans de la monarchie, une autre par des niveleurs en démocratie, & une troiſième par ceux qui ont voulu tenir le milieu; certes, tout cela eſt dans la nature humaine : il n'y a que le *mode* qui puiſſe avoir été particulier aux Français.

La religion, la propriété, l'orgueil, les préjugés & les opinions politiques, toutes les fois qu'on les a miſes en jeu, ont fait répandre le ſang. — Le vice, comme on le ſait, n'eſt jamais plus dangereux, que quand il ſe pare des couleurs de la vertu ou de la néceſſité; puiſque ſes actions alors non-ſeulement ne ſont plus retenues par la honte, mais qu'elles reçoivent une double impulſion. Entendez ſon langage naturel, mais terrible : „ Vous ſerez détruits, ſi vous ne „ détruiſez pas. Vous avez à combattre le crime ; vous „ devez le combattre par toute ſorte de moyens. Il n'y a „ point de loi publique; vous devez être votre propre „ loi. — Voyez, dit-on d'un côté, les malheurs de „ la liberté. Nous étions heureux, & nous ſommes „ devenus miſérables. Voyez, réplique-t-on, les hor- „ reurs de la monarchie, de l'ariſtocratie & de la

„ superstition ; nous demandions nos droits, & quand „ on nous a forcés de les conquérir, on dit que nous „ sommes coupables. „ — Toute nation qui a conservé l'histoire exacte de ses dissentions, y trouvera de pareilles scènes. Elles ont eu lieu même dans la révolution de l'Amérique : elles ont existé par-tout où un clergé bigot a gouverné sans obstacle ; par-tout où il s'est élevé de grandes contestations pour le trône ; partout, en un mot, où il y a eu une guerre d'opinions ou d'intérêts personnels (1).

Il y a eu, il est vrai, durant une partie de la révolution, une inquisition politique, dont les excès ont égalé ceux de l'inquisition religieuse. Mais qu'en faut-il déduire, si ce n'est le danger des corporations choisissant elles-mêmes leurs membres, tels qu'étaient les clubs? Quoiqu'ils ne fussent ni le gouvernement, ni le peuple, ils les avaient subjugués tous deux. Il en faut encore conclure que l'autorité absolue tend infailliblement à abuser de son pouvoir ; que les fonctions législatives doivent être séparées de toute autre ; que des lois générales ne doivent pas être le résultat de motifs particuliers ; que de la doctrine que la fin justifie les moyens, il résulte que les moyens peuvent devenir mauvais à proportion de la bonté du but ; que quand *un gouvernement s'égare* sous des prétextes plausibles, les gouvernés sont aussi enclins à le suivre pour faire le mal, que les *sectaires le sont à partager le fanatisme de leurs chefs*. Ce qu'on a vu à ce sujet, tient donc plus à la nature de l'homme en général, qu'au caractère particulier des Français. — Les cruautés commises par la coalition au dehors de la France, & par ses amis au dedans, jointes aux trahisons continuelles de divers individus attachés au service de la république, ont naturellement provoqué des mesures vigoureuses. Les circonstances avaient

(1) Si dans les temps modernes il en est quelquefois autrement, c'est que l'agresseur a communément au moins assez de bonne foi, pour ne pas imputer ses torts à son antagoniste ; & chaque parti se reposant sur ses armées qui décident de tout, les simples particuliers ne se ressentent des troubles que par l'effet d'une oppression générale.

d'ailleurs fait paſſer une partie du pouvoir entre les mains d'hommes ardens, parmi leſquels les dominateurs choiſiſſaient trop ſouvent les moins ſcrupuleux; & ce que ceux-ci faiſaient de criminel était ſouvent connu trop tard pour pouvoir être réparé. Enfin, la nation a ſu ſe faire juſtice à elle même, relativement au blâme d'avoir toléré le terroriſme; ſa répreſſion, *ſans qu'elle ait eu aucun ſecours étranger*, a ſpontanément & complétement réparé l'honneur de ſon caractère (1).

Nous ne devons jamais oublier, que la révolution a été exécutée en partie par des hommes nourris & élevés dans un ſyſtème général de pouvoir arbitraire & de ſuperſtition; ſyſtème qui, par une de ſes conſéquences, a produit des principes de licence. — Sans doute, on a vu ſur la ſcène des hommes immoraux dont le caractère n'a été racheté par aucune intention vertueuſe. Mais quelques-uns rangés dans ce nombre, ont prouvé leur bonne foi par de grandes actions; & d'autres n'ont paru tels que pour avoir ſuivi de faux principes. — Il y a eu pareillement des ſcélérats dont on imputait l'exiſtence à la révolution, & qu'on a vus enſuite n'être que des impoſteurs; les uns, employés par l'ennemi public pour encourager tous les actes d'extravagance & de méchanceté qui pouvaient déshonorer la révolution; les autres, ariſtocrates & hypocrites, ſpéculaient ſur le crime pour leur propre compte. — Si malgré tous ces obſtacles on eſt parvenu au point où l'on eſt aujourd'hui, l'on peut tout eſpérer de l'avenir, lorſque les gens de bien reprendront courage; lorſque l'on ceſſera d'employer les méchans, & de croire leur audace néceſſaire; enfin, lorſque le peuple ſera attentif à n'accorder les places qu'aux perſonnes qui joignent la moralité privée aux qualités qu'exigent les affaires publiques.

(1) La terreur ne peut plus ſe renouveler en France, ſi ce n'eſt dans le cas impoſſible d'une contre révolution; car alors ceux qui affectent de cenſurer les p atiques révolutionnaires, montreraient bientôt qu'ils ne ſe ſont plaints de la terreur, que parce qu'elle était tournée, en partie, contre eux.

Revenons au caractère général des Français; & relevons l'erreur de ceux qui les accusent de *cruauté.* — La multitude, aigrie par le sentiment des injustices qu'elle avait éprouvées, & accoutumée à se voir infliger des punitions sévères, crut que rien n'était plus naturel que de pareils châtimens, quand elle devint juge dans sa propre cause. Mais si les lois civiles continuent à être douces, comme elles commençent à le devenir, & si le peuple reçoit dans la suite une bonne éducation, les principes d'une liberté égale pour tous changeront bientôt tout ce qu'on a pu trouver de dur dans la conduite d'une portion du peuple (1). — Les armées françaises en ont donné, par celle qu'ils ont tenue, les plus belles assurances. Poussées à la violence par de profonds ressentimens, par des instigations perfides, & par une extrême détresse, elles se sont mieux comportées qu'aucunes autres troupes qui se sont trouvées dans les mêmes circonstances. Elles ont même en plusieurs rencontres donné de sublimes exemples, tels que n'en offre l'histoire d'aucune nation, si ce n'est celle des peuples, malheureusement en trop petit nombre, qui ont combattu pour la *liberté* unie à la *fraternité* (2).

Depuis que le soleil éclaire notre globe, il ne s'est trouvé aucun peuple qui, ayant été, comme les Français, opprimé, & porté par son clergé à la bigotterie & à la dureté, ait eu cependant un caractère aussi décidé d'amabilité & de bon naturel, & à qui la raison & le sentiment aient inspiré un desir si général & si actif, de voir tous les hommes unis & heureux. — L'on ne peut pas nier à la vérité que plusieurs Français ne soient insensibles, durs & même

(1) Le peuple, dans ses *émeutes*, a généralement respecté les propriétés privées; il s'est très-souvent rendu à la voix de la raison, & on l'a vu rarement ivre. On ne pourrait pas en dire partout autant de la multitude.

(2) Il faut en excepter ceux engagés dans les guerres de l'intérieur, où les deux partis ont oublié qu'ils étaient frères.

cruels : il ſerait extraordinaire que la longue durée du pouvoir arbitraire n'eût produit chez aucun d'eux quelques-uns de ſes effets naturels. — Nous ne voulons pas nier non plus qu'un eſprit remuant & d'intrigues n'ait pas été commun en France parmi une certaine claſſe de perſonnes : il était le réſultat forcé du diſcrédit que l'on attachait pour cette claſſe à l'exercice d'une induſtrie honnête & laborieuſe quelconque, & de la diſtribution peu équitable & ſi arbitraire des faveurs. Il était la ſuite des ruſes italiennes introduites par les miniſtres, les reines & autres favoris venant de l'Italie; ainſi que de l'influence des jéſuites, & des autres ordres eccléſiaſtiques, qui ont régi oſtenſiblement ou ſecretément les affaires de la nation. — Nous conviendrons encore que l'immoralité & l'infidélité n'ont que trop prévalu en France dans les tranſactions pécuniaires. Ce déſordre eſt lui-même l'effet de l'une des cauſes précédentes, jointe à l'amour du luxe & de l'oſtentation, que la cour & l'ariſtocratie avaient introduit dans toutes les claſes. — Serions-nous fondés à prétendre que tout ce qui eſt mal pût être entièrement changé tout-à-coup !

Mais il nous eſt permis de croire qu'à meſure que l'influence de ces cauſes funeſtes s'affaiblira par de meilleurs principes, nous verrons naître ſucceſſivement les plus heureux effets. — Les *réunions civiques* des Français, qui eurent lieu au commencement de la révolution, & dans leſquelles on ne s'informait ni de la fortune, ni de la qualité, ni de la religion de celui qui ſe trouvait placé près de ſoi ; où chacun n'éprouvait d'autre ſentiment que celui dont il voyait les autres pénétrés, & reconnaiſſait que tous étaient hommes, & devaient par conſéquent être frères : ces réunions, diſons-nous, étaient une ſublime garantie de la liberté, de la fraternité & de la vertu. — Et cette garantie ne ſera pas perdue. Les crimes des cruels & perfides ennemis de la France ont provoqué une réaction de crimes ; & les dangers de la patrie, la précipitation, l'inexpérience, ont donné lieu à des erreurs qui font frémir. Mais les principes de la liberté & de la fraternité ſont reſtés intacts, ils ont même acquis une nouvelle force de l'expérience effrayante des maux que causent le pouvoir arbitraire & les préjugés aveugles, lors même qu'ils sont employés en faveur de la vérité. — Du moment que la révolution sera terminée; que chacun croira à la possibilité de la félicité publique, & que les sacrifices particuliers deviendront moins indispensables, les Français reprendront tous leur caractère de sensibilité, & leur première ardeur. Ils reconnaîtront tous que la liberté est nécessaire au bonheur, & que la philantrophie est essentielle pour le bonheur & la liberté.

On reproche aussi aux Français d'aimer les *changemens*. — Dans une cour presqu'entièrement occupée de modes, dans des sociétés de personnes oisives, & qui ne pensaient jamais par elles-mêmes, de militaires & de gens dont le sort dépendait de la faveur, l'opinion & l'exemple d'une personne occupant un poste éminent avait nécessairement trop de poids. C'était le cours naturel des choses dans une monarchie, où surtout le beau sexe avait alors une influence générale. — Mais cette versatilité, même encouragée comme elle l'était en France, n'y régnait pas sans exception. Elle était, par exemple, plus étrangère aux jansénistes, aux protestans, aux religieuses, à plusieurs ordres de moines & aux missionnaires, ainsi qu'à certains politiques, tels que les économistes, les encyclopédistes, & les admirateurs de la constitution britannique. Cette versatilité n'est pas non plus le caractère de l'aristocratie, de la majorité des prêtres, des rebelles de la Vendée, ni des armées *républicaines*. — Si nous avons vu, durant la révolution, plusieurs changemens politiques, il faut les attribuer à la puissance de l'art oratoire, à l'esprit de parti, aux évènemens, aux occasions qui se sont présentées inopinément, & surtout à la *forme simple* de la législature française durant ce temps, & au *cours rapide* de ses délibérations (1). — Toutes

(1) On peut consulter ici à loisir une note qui forme le commencement de l'*appendix*, page 94.

ces causes au surplus sont de nature à produire des effets universels, & nullement particuliers à la France.

D'ailleurs, tout ce qui a paru esprit de changement chez les Français ne doit pas porter ce nom. Si, par exemple, ils ont refusé de renfermer leur liberté dans des bornes étroites, lorsqu'ils ont pu en étendre les limites; si les flots les ont battus dans une carrière toute nouvelle, pour laquelle ils manquaient d'expérience ; s'ils ont momentanément abandonné les règles pour recourir à des mesures de circonstance; si cependant toutes les fois qu'on leur a fait apercevoir leurs erreurs, ils les ont rétractées, avec une franchise que rien n'égale : ils méritent plutôt nos applaudissemens & notre indulgence sur l'objet que nous traitons, que notre blâme. — Les Français voient avec vivacité ; ils adoptent avec ardeur; &, tant qu'ils croient leurs opinions fondées, ils y tiennent fortement malgré les difficultés & les dangers. Aussi n'est-il pas de nation qui, ayant entrepris une révolution d'après des principes raisonnés & dans la vue de jouir de ses bienfaits, ait enduré avec plus de constance & de courage les maux passagers inséparables d'un changement. N'est-ce pas d'ailleurs un des principes de la liberté, de pouvoir abandonner des opinions, aussi franchement qu'on les a embrassées ? & ne doit-on pas regarder comme une preuve de sagesse de la part de ceux qui ont été élevés dans les préjugés, d'être accessibles à des idées nouvelles (1)?

Il est un autre défaut que certains politiques at-

(1) C'est mal à propos que l'on applique aux Français d'aujourd'hui le caractère qu'un grand général de l'antiquité attribue aux Gaulois dont il a écrit l'histoire. Ceux-ci ont été remplacés dans une grande partie de la France par d'autres nations ; & les peuples, comme les Bretons, par exemple, dont le langage prouve qu'ils sont les véritables descendans des anciens Gaulois ou Celtes, sont précisément au nombre de ceux qui témoignent le plus d'attachement pour les anciens systèmes & les anciennes habitudes, &, tranchons le mot, qui ont le moins de goût pour la révolution française.

tribuent aux Français; c'est une prétendue singularité de conceptions politiques, qu'ils appelent *coup de marteau*, & qui les rend, disent-ils, incapables de rien de régulier ou de grave dans les affaires publiques. Mais si l'on interrogeait ces censeurs, on verrait que leurs reproches ne tombent pas sur ce que l'on pourrait justement blâmer dans le systême & la conduite de la nation française, mais sur ce qu'elle fait de meilleur; & que, si elle n'avait jamais agi que d'après les principes de la raison, ils l'auraient regardée comme un peuple entièrement fou & méchant. On le voit évidemment par les opinions qu'ils ont émises sur la révolution française.

C'est donc plutôt à nous *impartiaux* à rendre raison de leurs méprises *réelles*. — La tyrannie civile & religieuse, & l'influence erronnée du crédit & de la mode, paraissent avoir été les causes déterminantes de ces erreurs. Elles ont long-temps empêché le développement des connaissances qui tenaient à des principes libéraux & féconds: elles ont obligé les personnes studieuses de se tourner du coté des mathématiques (1)

(1) Voltaire, parlant de Descartes, dit que *la géometrie laisse l'esprit comme elle le trouve* (siècle de Louis XIV. ch. 31). Il ne pouvait en donner un meilleur exemple que celui de Descartes, qui, quoiqu'il fût grand mathématicien, & quoiqu'il crût qu'il fallait commencer par douter de tout, fut néanmoins en effet le jouet d'une imagination crédule.

A Berlin & à Pétersbourg un despotisme éclairé a encouragé l'étude des mathématiques & de diverses autres sciences. A Vienne, où le despotisme a été moins clairvoyant, il y a des écoles pour l'art militaire & la médecine, & on cultive préférablement aux mathématiques certains objets de minéralogie & d'histoire naturelle, vers lesquels on est amené par des circonstances locales. Mais le midi de l'Europe, où règne une aveugle bigoterie, n'a presqu'aucun établissement d'instruction, si l'on en excepte les académies qui brillaient au moyen âge dans cette partie de l'Italie, qui était le plus dévouée au républicanisme. On trouve en Espagne quelques connaissances relatives à la marine & aux mines, & à certaines productions naturelles de leurs colonies.

& des autres ſciences iſolées, ou vers des objets de goût ou d'une ſtérile érudition. Dans ces circonſtances, l'eſprit français, qui eſt toujours actif, a malheureuſement adopté de fauſſes vues, de fauſſes inſtructions & de fauſſes méthodes de raiſonner. — Le temps & les effets de l'oppreſſion ont à la fin décelé le ſyſtème du deſpotiſme, & ont amené une violente réaction. Si la moitié ſeulement des inſtitutions qu'il avait établies eût été équitable, l'autre moitié eût paru l'être auſſi (comme en Angleterre & ailleurs), par la force du préjugé national, de l'autorité & de l'habitude. Mais tout était injuſte; & comme les extrêmes forcent néceſſairement l'attention, pluſieurs ont voulu remonter aux *premiers principes*. Ils les ont trouvés. — Aujourd'hui les eſprits occupés des affaires publiques, ne ſont plus aſſervis ni corrompus par les rois & les prêtres (1), & les gens à la mode ne les entraînent plus dans l'erreur par leurs ſéductions. Les femmes vont reprendre la place que la nature leur a aſſignée dans la ſociété, & apprendre à ſentir plutôt qu'à penſer; entièrement livrées à leurs devoirs d'épouſes, de mères, d'amies, elles feront les délices & l'ornement de la vie domeſtique, au lieu de s'ériger en oracles dans les diſputes ſérieuſes qu'entretenaient leurs amans frivoles.

Il n'eſt pas inutile d'ajouter ici que les élans hardis & les écarts même des Français ont donné lieu à des découvertes importantes où l'on s'attendait le moins à en faire. Semblables à des éclairs brillans & inſtantanés, malgré leur divergence apparente, & l'éloignement du but où ils tendaient, ils y ſont forcément arrivés. — Enfin le deſir de réformes, qu'on a *applaudi* avec tant de chaleur dans quelques-uns des miniſtres des rois de France, prouve que ce deſir eſt

(1) Qu'on ne penſe pas qu'en parlant des prêtres, nous les confondions tous dans une même claſſe Nous ne nous élevons que contre ces prêtres dominateurs, qui ont voulu faire un ordre politique dans l'état, & ne reconnaître dans l'égliſe d'autres prêtres qu'eux & leurs pareils, ou d'autre religion que leurs préjugés. L'excès de l'abus & ſes ſuites n'ont pas permis de s'en taire.

une *paſſion nationale ;* & certes, elle ne reſtera pas ſans effet ſous le régime républicain. Il ſe commettra des erreurs ſans doute ; mais quand une fois la vérité a été découverte, l'on ſait aſſez qu'elle ne ſe perd plus. — Rendons encore aux Français la juſtice, qu'ils ont eu les premiers & depuis longtemps une ſuite d'écrivains *politiques*, dont les ſyſtèmes ſont fondés ſur l'amour de nos ſemblables, & la paix univerſelle ; & que les premiers ils ſe ſont élevés contre les corporations & les monopoles, & ont demandé la liberté du commerce, ainſi que celle de l'agriculture ; que les premiers enfin ils ont donné à celle-ci une haute préférence ſur toute autre profeſſion. — Perſonne ne conteſtera le ſuccès avec lequel leurs écrivains ont combattu les préjugés religieux & la tyrannie civile, car leurs ouvrages pleins d'eſprit & de feu ont donné lieu aux fanatiques de toute eſpèce d'accuſer la nation entière (1).

Le reproche de corruption que l'on pourrait encore faire aux Français *en matière de finances*, leur ſerait applicable ſous toutes les formes de gouvernement qui pourraient leur être offertes ; & la queſtion ſe réduit à ſavoir ſi, dans des temps tranquilles, le gouvernement *républicain* n'eſt pas de tous celui qui s'eſt toujours montré les plus économe, le plus ſoigneux, & le plus ſévère contre les dilapidateurs. Si les Français, fidèles à des principes qu'on ne ſaurait trop répéter, continuent de n'accorder le pouvoir que pour de courtes périodes, & de le ſoumettre à la ſurveillance & à la reſponſabilité ; & ſi ceux qui

(1) On peut remarquer généralement, quoique cette obſervation ne ſoit pas exactement de notre ſujet, que les Français, qui ont ſouvent de la vanité comme individus, lorſqu'ils ſont inſtruits des faits, reconnaiſſent le mérite des nations étrangères avec la plus grande généroſité. Souvent même ils vont au-delà de la vérité ſur ce point. Auſſi Voltaire dit, en parlant des écrivains français : „ Qu'une des „ raiſons qui les font lire dans toute l'Europe, c'eſt qu'ils „ rendent juſtice à toutes les nations. „ *Eſſai ſur les mœurs*, ch. 147.

*paient pour tous, tiennent tous en bride;* nous pouvons croire qu'après la fin des troubles actuels, les finances de la France seront conduites avec habileté & probité.

Les personnes qui ont le mieux connu l'ancien systême de corruption, & qui par cette raison devraient être portées à desirer une réforme, sont celles qui ont le moins de confiance dans la pureté de la conduite financière des républicains. — Celle que l'on a tenue durant les derniers troubles ne peut être une objection solide. On ne s'occupait que des lois politiques : on faisait peu d'attention aux finances, parce que le systême adopté alors portait sur des ressources nouvelles qui *semblaient n'imposer aucun fardeau* (1). — Mais nous devons prévoir quel grand changement s'opèrera quand les hommes en place reconnaîtront enfin qu'ils ont une patrie à laquelle ils peuvent appartenir ; & un gouvernement, & un public, à chacun desquels ils doivent rendre compte des *contributions acquittées par les citoyens sur leur nécessaire ou sur leurs épargnes.*

## CHAPITRE IV.

### *Suite du même sujet.*

MAIS laissant là tous les argumens négatifs par lesquels nous avons répondu aux objections, établissons en peu de mots la compatibilité qu'il y a entre la nation française & sa constitution. — Nous nous bornerons, pour prouver cet accord, aux considérations suivantes, qui sont particulières à la France (2).

(1) Ajoutons qu'il se trouvait dans les bureaux des administrations un assez grand nombre d'hommes sans salaire fixe, à cause de la dépréciation des assignats ; peu affectionnés au gouvernement ou à ses chefs ; incertains de conserver long-temps leurs emplois ; dont les malversations étaient couvertes soit par leur obscurité, soit par les changemens rapides des hommes & des choses, & qui étaient enfin entraînés par la corruption des autres, ou gagnés par l'ennemi.

(2) Ces traits sont tout-à-fait indépendans de notre thèse

Les

Les Français ne sont pas seulement braves, mais ils sont guerriers; & leur constitution veut que tout citoyen soit soldat. Ils sont en même temps, jaloux d'acquérir de la réputation; & l'émulation est un des grands ressorts constitutionnels. Ils sont enthousiastes; & la constitution fait un appel à l'enthousiasme de toutes les classes de citoyens. Ils sont irritables; & cette disposition est une des garanties de la liberté. Ils ont néanmoins l'ambition de paraître un peuple de frères, & la fraternité est recommandée avec sollicitude (Les tyrans chérissent aussi *leur* liberté propre, mais la difficulté consistait à apprendre aux hommes à être heureux de la liberté *des autres*. Les Français se livrent par goût aux affaires publiques; & tout citoyen est autorisé, & même invité, à y prendre part. Ils aiment les sciences; & rien n'est négligé pour l'éducation & les progrès des connaissances humaines. Ils sont passionnés pour l'éloquence; & cet art a un vaste champ dans un gouvernement populaire. Ils sont susceptibles de ces émotions qui se communiquent rapidement des uns aux autres, dans des assemblées publiques; & il y a des fêtes instituées pour les exciter & les rendre utiles. Ils sont grands amateurs de la musique; & la propriété d'ajouter de l'ornement & du piquant aux idées, rend cet art précieux au républicanisme: seul système où l'ame puisse être expansive & élevée, au milieu des détails des affaires publiques. Les Français sont malheureusement divisés en deux classes, celle des intolérans & celle des hommes tolérans; mais il est aussi agréable à l'une, qu'il est nécessaire à l'autre, que la constitution établisse une liberté parfaite dans les opinions religieuses. En vertu de cette même liberté la constitution étend l'instruction à la morale pour ceux qui ne veulent pas un système de morale religieuse; & elle offre des moyens de s'instruire simplement dans les connaissances profanes, à ceux qui, professant une religion véritablement bien-

générale, qu'un gouvernement représentatif, & où règne l'égalité, peut convenir à *tout peuple* susceptible de sens & d'indépendance, & spécialement à un *peuple nombreux répandu sur un vaste territoire*.

veillante, en tirent cependant des prétextes pour oublier cette bienveillance. Les Français sont économes & sobres, diligens, entreprenans & inventifs, & ils recherchent, jusqu'à un certain point, les inventions des étrangers; la constitution protège non-seulement ces habitudes, mais aussi les avantages que l'on peut en retirer. Les Français sont adonnés au commerce; & la constitution déclare le commerce libre pour tous, & pour toute espèce de marchandises, & elle a tout disposé pour qu'il prenne le plus grand effort.

Les Français sont agricoles; & l'un des plus beaux pays du monde appelle leur intelligence, leurs capitaux & leur travail. Ils sont marins; & la constitution admet des colonies *affranchies de l'esclavage*, dont nous ferons, plus bas, sentir l'importance. Les Français enfin se trouvent dans le centre de la partie du globe qui tient au système européen; & la constitution respire une fraternité universelle, & pourvoit aux moyens de rassembler & de propager les connaissances humaines. D'après toutes ces raisons & d'autres qu'il est aisé de suppléer, nous pouvons ajouter: *La France ne craint l'aggrandissement d'aucune puissance qui professe les mêmes principes qu'elle ;* ce qui est un grand motif de sécurité, & ce n'est pas le seul qu'offre la constitution, en faveur d'une *paix universelle.*

Tels sont dès-à-présent les rapports harmoniques qui existent entre la constitution française & le peuple; rapports qui seront nécessairement multipliés & renforcés, quand les mains plastiques de la constitution & les lois auront facilité le rapprochement des parties par de nouveaux traits de correspondance, & quand l'expérience & l'habitude, joints au suffrage des nations environnantes, y auront joint le poids de leur autorité.

Il nous reste maintenant à montrer que le *gouvernement* actuel de la France répond à l'esprit de sa constitution, ainsi qu'à ce qu'exige le moment. Par le gouvernement nous entendons ici la législature & le directoire exécutif, qui dans la conjoncture présente conduisent tout le reste.

Malgré les clameurs qui se sont élevées contre la conservation *d'une partie* de la convention pour former les *deux tiers* de la *législature*, ces matériaux dont l'on craignait l'incohérence, se sont tellement amalgamés dans le corps entier, que cette crainte s'est évanouie. Si l'esprit de la constitution est dans *tous les temps* contraire à un *renouvellement total* de la législature (& on aurait dû observer que la convention avait aussi pu agir comme législature); elle devait certainement y être très-opposée dans un temps où ce renouvellement total aurait renversé la *constitution elle-même*. Aussi le peuple a-t-il fait justice de l'objection faite à cet égard.

En prenant la législature telle qu'elle est composée, qu'y remarque-t-on, si ce n'est du républicanisme, de la vigueur, & plus de diligence que dans les précédentes, joints à l'esprit de conciliation & à une amélioration sensible quant à la tenue, la dignité & la douceur. La meilleure preuve qu'on puisse ajouter qu'elle est dans l'esprit de la constitution, c'est qu'elle ne *demande* que d'être conduite par elle. D'ailleurs, en supposant qu'elle se trompât dans sa marche & ne corrigât pas ses erreurs, elle sera dans peu renouvelée par tiers.

Quant au directoire exécutif, l'histoire ne fournit pas d'exemple d'une administration qui ait été plus active, plus assidue, plus courageuse & plus énergique; & plusieurs de ses mesures annoncent de l'habileté. Aussi la confiance s'accroît; & ceux qui ne provoquent pas l'animadversion de la loi, se sont enfin convaincus qu'ils n'ont rien à craindre de la part du directoire. L'économie & l'établissement d'une règle exacte demandent du temps, & l'éloignement des distractions; avantages dont le directoire n'a pas encore joui. Le directoire renferme dans son sein & emploie quelques-uns des premiers talens militaires qui existent en Europe, & qui ont eu l'occasion de s'exercer dans le champ le plus vaste. Il a déjà rempli l'une des intentions de la constitution dans son organisation, en faisant sentir la nécessité de quelques lois; & cela avec tant de succès, qu'on peut dire que la législature françaiſe a *trois* penſées, au lieu de *deux*.

Mais le directoire eſt-il *attaché à la conſtitution?* Il paraît qu'on eſt bien fondé à l'eſpérer, ne fût-ce que par le ſentiment que ſes membres doivent avoir de leur propre intérêt. — C'eſt d'elle qu'ils ont reçu leur pouvoir; elle le maintient : ils ſont forcés de reconnaître que ſans elle ils redeviendraient bientôt de ſimples particuliers, la révolution ayant dépouillé tout individu des moyens d'acquérir un grand aſcendant purement perſonnel. Quelque pouvoir qu'ils puſſent *arracher*, ou *uſurper* furtivement, il ne ſaurait être auſſi grand que celui que la conſtitution leur a *donné*: pouvoir que la poſition ſingulière des affaires rend encore plus grand & plus glorieux que dans ſon cours ordinaire. S'ils établiſſent & conſolident la république, ils rendront honorable pour l'avenir leur condition privée; mais s'ils conſervent la confiance de leurs concitoyens, ils doivent eſpérer que leurs ſuffrages les appelleront à de nouveaux poſtes d'honneur.

Le directoire, en faiſant de grandes choſes, & il en fera, acquerra la gloire la plus étendue qui puiſſe exiſter pour des actions faites en commun par pluſieurs. Mais ſi ſes actions dérivent des véritables principes, & qu'elles ſoient conſtamment pures, ſi ſes membres ſe ſentent ſupérieurs à l'éclat de leurs charges, & ſi, après avoir tout mérité, ils ſavent reſter de fiers & ſimples républicains, c'eſt alors qu'ils montreront une véritable élevation d'ame. Il eſt pour eux une perſpective bien au-deſſus de leur magiſtrature; l'idée que vraiſemblablement ils ont en leurs mains le ſort d'un des plus grands peuples de l'univers, & par-là, dans l'avenir, celui de l'univers entier : perſpective tranſcendante, mais qui ne peut ſe préſenter deux fois dans la carrière de l'humanité. Jamais avant l'ère actuelle, la deſtinée n'avait, par la propagation des principes ſociaux & politiques, préparé la race humaine à un bonheur auſſi général qu'aſſuré & prochain; & les hommes, mis aujourd'hui en poſſeſſion d'un tel don, ne l'abandonneront pas, au haſard qu'on le leur offre derechef. Ils n'oublieront donc jamais les auteurs d'un bienfait auſſi précieux & unique. — Le directoire méconnaîtrait la véritable grandeur, s'il s'abaiſſait à quelque intérêt perſonnel ou du moment. Dans le temps même des plus épaiſſes ténèbres, les hommes ont toujours préféré parmi les perſonnages remarquables, ceux qui avaient contribué au bonheur de la ſociété. Aujourd'hui cette eſtime commence à être excluſive. On ne l'accordera plus long-temps aux hommes publics, pour l'éclat des maux qu'ils font à leurs ſemblables, mais ſeulement pour l'énergie & la vertu qu'il emploient à leur faire du bien. Il y a du mérite, même à échouer dans une entrepriſe auſſi généreuſe (1).

Nous venons de parler du peuple, de la législature & du directoire, dans leurs rapports avec la conſtitution. Nous avons tâché de montrer que les deux derniers pouvoirs s'accordent avec elle. — Si cet accord n'eſt pas auſſi entier de la part du peuple; ſi ſon adhéſion, quoique donnée verbalement ou tacitement, eſt à quelques égards & dans quelques lieux paſſive; cet obſtacle n'eſt que paſſager : l'erreur ne peut durer toujours ; l'expérience démontrera bientôt les traits originaux, & de plus en plus marqués, de la conformité qui exiſte entre la nation & ſa conſtitution; & la jouiſſance du bonheur (au ſein duquel l'on trouvera quelque douceur dans la mémoire des maux paſſés) rendra dans peu de temps l'union parfaite & indiſſoluble.

En attendant, il ne manque pas de moyens de réparer les maux récemment éprouvés par la France. Nous allons en parler.

(1) *Magnis tamen excidit auſis.* Mais cette conſolation leur ſera inutile.

## CHAPITRE V.

### *De l'état économique de la France.*

Après avoir discuté suffisamment les moyens de législation politique dont la France jouit, il nous reste à traiter de ses ressources en économie politique, pour montrer que les premiers ne seront point paralysés par le défaut des secondes. Quand l'on approfondit des sujets abstraits, c'est dans l'espérance d'en déduire quelque chose de réel.

On ne peut traiter des richesses d'un pays sans traiter de sa *population*: celle-ci peut être considérée sous le rapport du nombre, celui des ressorts de l'activité ou du mouvement, celui des talens, & enfin celui de la frugalité; sans oublier la vertu, dont nous avons dit un mot, & sur l'importance de laquelle on ne peut au reste trop insister, puisqu'elle est nécessaire dans tous les gouvernemens.

Si, comme les écrivains statistiques l'affirment, les mâles entre 16 & 60 ans font le quart de la population, il paraît, qu'en y ajoutant les femmes du même âge, la moitié d'un peuple est composée de personnes susceptibles de travail, soit de corps, soit d'esprit, car les infirmes de cette classe sont compensés par ceux des autres classes qui peuvent travailler. Ce nombre est donc de 13 millions dans une population de 26, comme est celle de la France. C'est accorder beaucoup, que de supposer un dixième de diminution dans cette classe pendant la révolution, par émigration ou morts prématurées; & ce n'est pas trop affirmer, que de dire que ce vide cessera d'effrayer, si l'on fait attention aux circonstances suivantes. Sous l'ancien régime, la classe des oisifs occupait en travaux inutiles une autre classe aussi nombreuse, & une personne oisive privait ainsi du service de deux. On faisait peu d'usage de machines, dans les arts. Il se perdait beaucoup de temps en fêtes religieuses,

Les hommes se livraient à des travaux casaniers, pendant que les femmes travaillaient dans les champs. Il y avait beaucoup de moines & de religieuses, & quantité de prêtres inutiles. En temps de paix, 100,000 hommes, dans la fleur de l'âge, restaient inactifs dans les différens établissemens militaires, au-delà du nombre nécessaire à l'avenir pour défendre l'ancien territoire français. Enfin un grand nombre de citoyens s'éloignaient de la patrie pour un temps plus ou moins long. Joignons à l'influence qu'aura la cessation de ces causes, l'influence de l'allègement des charges, & des autres avantages que le nouveau système a déjà procurés ou qu'il assure pour l'avenir. — Observons encore, quant au nombre, que la source prochaine qui recrutera la classe industrieuse, se trouve dans l'âge inférieur à seize ans, & dans les étrangers adultes qui viendront s'établir en France. Pour ce qui est de la reproduction future de l'espèce, il reste encore assez d'hommes pour conserver le nombre ordinaire des mariages, dans un pays où il y avait tant de célibataires; & n'oublions pas que plus de vertus & d'aisance rendront les mariages plus fertiles qu'ils ne l'étaient, surtout parce que les nouvelles dispositions sur les avantages matrimoniaux, moins favorables à la fortune, & en outre les terres promises aux défenseurs de la patrie, feront rechercher par préférence les femmes qui réuniront aux qualités morales & utiles celles de la santé & des belles formes. La réquisition des jeunes gens non mariés, a déjà donné lieu à plusieurs mariages.

Relativement aux *ressorts* du mouvement ou des actions des hommes, il faut observer qu'ils changent avec les impressions que les hommes reçoivent. Si le galérien & le nègre ne travaillent que par la peur du fouet, l'homme libre s'excède souvent par ses efforts volontaires. Ce qui est vrai des individus l'est de tout un peuple; & ce qui est vrai de leurs volontés, est, comme nous allons voir, vrai aussi de leur intelligence.

La liberté, bien différente de la tyrannie & de la bigotterie, non-seulement ne craint pas l'éclat du *talent*, mais elle l'aime & l'encourage. Elle lui fournit en conféquence tous les moyens & toutes les occafions de fe perfectionner, foit en affranchiffant les actions des hommes & leurs communications mutuelles par la preffe, les converfations, les voyages &c. foit par l'éducation, des encouragemens & la certitude de jouir des fruits de fon travail. L'étincelle du génie s'anime partout; chaque individu profite de l'inftruction de fon voifin, & la conduite intelligente de l'un devient bientôt univerfelle. — Le talent a donc fait des progrès réels, bien loin d'avoir rétrogradé, depuis la révolution. Nul n'a perdu celui qu'il avait; il l'a plutôt perfectionné durant les voyages que les circonftances lui ont fait faire. L'ignorance de plufieurs a dû céder à l'obfervation & aux entretiens; car il eft difficile de voir des perfonnes ou des chofes étrangères fans acquérir de nouvelles idées. La pratique en fait d'arts peut avoir fouffert, il eft vrai; mais l'exercice de la *main* fuivra de près celui de *l'efprit*. — Les feuls changemens intérieurs & les mouvemens des armées ont fuffi pour produire conftamment de nouvelles fcènes, & ont ainfi élevé en quelque forte une multitude de fujets au niveau de l'inftruction générale. Peut-être ces caufes ont-elles *hâté le moment* de la perte de la première innocence de la jeuneffe; mais en échange elles l'ont affranchie des premiers préjugés, & lui ont donné l'habitude de l'ordre, de l'économie, de la patience, & dans cette guerre, celle du dévouement. Elles ont mis plufieurs perfonnes bien intentionnées à portée de dire ou de faire en faveur de la vertu, bien des chofes qui ont eu infiniment plus de poids fur les autres que des fermons, parce que l'on favait que ces leçons étaient fondées fur l'expérience des affaires & fur la fincérité. — Mais il ne manque pas en France d'autres moyens plus directs pour former les talens. L'on y cultive avec plus de fuccès même, que dans d'autres pays, où ils font cependant les feuls objets pratiqués que faffe enfeigner le gouvernement, & les objets qui tiennent au bon goût, & les arts qui tendent à réparer les maux de l'efpèce humaine, & même ceux deftinés, hélas!

hélas ! à la détruire. L'école polytechnique pour l'éducation de 500 élèves, & qui eſt dirigée par des profeſſeurs de la plus grande habileté, eſt un établiſſement unique en Europe. Créé dans la modeſtie & le ſilence, il promet plus d'heureux effets pour la France & le genre humain, que tous ces palais ſuperbes ou ces cloîtres obſcurs, où, dans d'autres pays, l'on apprend imparfaitement une ou deux langues mortes, & où le reſte du temps eſt conſacré à l'étude de la chicane en matières de législation ou de religion. Sous ce dernier ordre d'inſtituteurs, l'eſprit, toujours actif, ne pouvant s'élever à la dignité d'enſeigner ce qui eſt utile & honorable, ſe laiſſe aller à l'envie & à l'amour des tracaſſeries, & ſe porte même à la perſécution. Sous l'autre, l'eſprit invite à une ſage critique ; il aſpire à une variété de connaiſſances; il répand l'inſtruction; & en même temps qu'il s'acquiert des lumières & de la gloire, il eſt animé du deſir d'ajouter à la maſſe du bonheur individuel, ſocial & politique.

Mais il ne ſuffit pas qu'un peuple ſoit énergique & inſtruit ; il faut encore qu'il ſoit *frugal*, afin que ſon capital s'accumule, & qu'il obtienne ainſi de nouveaux produits. La frugalité comprend l'attention d'éviter la prodigalité & le dégât; mais elle ne porte pas à la meſquinerie, ou à la timide avarice. Pour que les hommes & les entrepriſes donnent de généreux retours, il faut les ſoutenir par de généreuſes avances. — Un avantage qui réſulte de la réduction ou de l'égaliſation des fortunes qui s'eſt opérée en France, eſt, malgré le luxe odieux de quelques parvenus, l'habitude générale d'économie. Le commerce n'en ſouffrira point, parce que le ſurplus des gains de la claſſe productive n'en ſera pas moins dépenſé; mais il le ſera ſeulement en objets *utiles*, au lieu de l'être ſans utilité; & les achats faits par pluſieurs petites pratiques l'emporteront bien ſur ceux d'un petit nombre de grands conſommateurs. En un mot, l'économie donne lieu à la production, & l'accroiſſement des productions donne lieu à un accroiſſement de conſommation (avec quelques différences, il eſt vrai, dans la nature des confommations ). Les pays commerçans paraiffent avoir pour maxime que *le gain eſt gain ; de quelque part qu'il vienne ;* c'eſt-à-dire, que dans tout commerce honnête & ſolide, le ſeul objet eſt d'avoir aſſez de gain. — Il ſuffit de ces conſidérations, relativement à l'état actuel du premier moyen de richeſſe nationale, c'eſt-à-dire, le *peuple* conſidéré ſous différens aſpects ; & l'on voit qu'il n'y a pas lieu de perdre courage à cet égard.

Les *dons de la nature* offrent une ſeconde ſource de richeſſe; les terres, les mines, les ports, les rivières, les marais, les pêcheries & le climat : la guerre n'y a porté aucune atteinte; la paix leur donnera ſûrement toute leur extenſion. — Comme les forêts ſont d'anciens reſtes de productions naturelles, plus communément que le fruit des ſoins de l'homme, & qu'elles ſont toujours le produit du temps, nous les conſidèrerons ici comme les dons de la nature; & nous obſerverons que ſi, à quelques égards, elles ont été dévaſtées en France dans ces derniers temps, elles ont été épargnées dans d'autres ſens, comme par la diminution de la conſommation du chauffage. Beaucoup de bois ci-devant réſervés pour les grands, ſont aujourd'hui à l'uſage du public. Il eſt auſſi des améliorations immenſes à faire dans l'économie des forêts: d'abord par leur aménagement, enſuite par le perfectionnement des méthodes de chauffage, & par l'extenſion de l'uſage du charbon de terre, ſurtout dans les manufactures ; troiſièmement, en diminuant la profuſion des conſtructions en bois, ſur terre, & en employant des bois étrangers, en cas de beſoin, pour pluſieurs objets de marine (1). — Les

(1) La généralité même d'un uſage dans un pays n'étant qu'un indice équivoque de ſa bonté, & la manière dont on employe le bois de charpente en France, étant contraire au réſultat d'expériences ſolides, & à ce qui ſe pratique chez d'autres nations, avec une grande épargne ſur la quantité & dans la qualité, cet objet doit être pris en France en ſérieuſe conſidération. Il en eſt de même peut-être de la trop grande conſommation de fers & de pierres dans les conſtructions.

Quant aux bois de conſtruction pour la marine, comparons les uſages des différens peuples. — Nous avons les témoignages

bienfaits de la nouvelle conſtitution ne feront donc contrariés par aucune diminution *des dons de la nature.*

La richeſſe nationale eſt fondée enſuite ſur les moyens *d'extraire* de la nature (la mère & la grande productrice de toutes choſes), ſes différens dons ; puis de *façonner* ce qui en eſt extrait, & enfin de *mettre en circulation ou d'échanger* ce qui eſt ainſi extrait ou façonné. Ces moyens dépendent principalement, 1.° de *choſes annexées & propres à la terre*, comme les routes, pavés, quais, baſſins, digues, excavations de mines, ſaignées, canaux : toutes choſes qui au fond exiſtent à peu près en France comme avant la guerre. 2.° Des édifices néceſſaires pour contenir les hommes, les marchandiſes, les outils, les animaux, &c.; & moyennant quelques légères réparations, il s'en trouvera, à raiſon des émigrations, des couvens ſupprimés, & de l'économie avec laquelle ces édifices feront occupés, quand on les conſacrera à un uſage final, plus que l'on n'en a jamais eus 3.° De diverſes parties de ce qu'on appelle le *mobilier*, comme inſtrumens, machines, vêtemens, meubles, chevaux (1), beſtiaux, chariots, harnais, proviſions & autres articles ſemblables, dont on manque à préſent çà & là, mais dont le

les plus ſûrs, que les Anglais n'ont aucune reſſource pour le chêne, en Ecoſſe ni en Irlande; & que dans toute l'Angleterre il s'en trouve bien moins ſur pied, qui ſoit acceſſible, que dans l'étendue de la France. — Les Hollandais ne conſtruiſent qu'avec du *bois étranger*, & même, croyons-nous, les Portugais emploient en partie du *bois de leurs colonies* : or ſi les Français veulent, comme ils le peuvent, faire uſage de ces deux reſſources, ils auront abondamment de bois. — Différens écrivains en ſtatiſtique, ou autres, conſeillent aux gouvernemens qui auroient en vue la multiplication des marins & des pêcheurs, & l'augmentation du frêt & du commerce étranger & colonial, plutôt que la conſtruction des machines flottantes, de ſe ſervir, en cas de néceſſité, pour les navires marchands, de bâtimens achetés à l'étranger. Leur idée paraît mériter l'attention générale, & ſi elle ſe trouve juſte, elle deviendra la règle de diſpoſitions nouvelles dans la légiſlation maritime ou dans les traités de commerce.

(1) La paix rendra à leur deſtination un nombre conſidérable de chevaux actuellement employés dans les armées, comme chevaux de trait ou de cavalerie.

défaut sera bientôt contrebalancé soit par l'économie, soit par des améliorations dans leur usage. 4.° Des matières & constructions *navales*; objet dont nous avons déjà indiqué les ressources supplétoires, s'il a éprouvé du déchet. 5.° Des métaux formant ce qu'on appelle les moyens de *circulation*, dont nous parlerons incessamment. 6.° De la bonté du gouvernement, dont nous avons déjà parlé. 7.° *Enfin* de la *protection contre les ennemis du dehors*, en quoi la France excelle tellement aujourd'hui, que sa force nouvelle, & ses principes nouveaux au sujet de la force armée en temps de paix, forment dans l'esprit de ceux des étrangers qui n'aiment pas la paix, deux des principales objections contre son gouvernement républicain.

Mais revenons à examiner ce qui est relatif aux *moyens de circulation ;* & pour cet effet remontons à son origine. — Tout vendeur cherche à se défaire de sa marchandise quand elle est dans le meilleur état, qu'elle est le plus demandée, & quand il craint de perdre en la gardant. Mais comme il est difficile de trouver un consommateur qui en ait besoin précisément dans le temps & pour la quantité que le vendeur desirerait, & qui ait aussi les moyens de payer celui-là en marchandises dont il ait besoin; comme encore les marchandises peuvent des deux côtés demander quelque opération ultérieure pour les adapter à l'usage réciproque; il intervient des tiers qui possèdent une marchandise toujours universellement recherchée, qu'on appelle *moyen de circulation*, ou *signe représentatif*, leur profession est d'acheter pour revendre (1). — Ce moyen ou signe peut aussi être nommé *suspensif ;* car il donne aux marchands la faculté de rester en *suspens* ou dans l'inaction, après qu'ils ont vendu, & avant d'acheter de nouveau. Son premier usage est purement mécanique: il prévient différens inconvéniens, & il fournit une méthode sûre pour régler les comptes entre le corps nombreux des

(1) Ce qu'on dit ici des marchandises, est également vrai à quelques égards du travail.

acheteurs & celui des vendeurs; mais les conséquences dans la marche des affaires sont de la plus haute importance (1). — L'or, l'argent & le cuivre, ont été communément employés à cet usage, à raison de leur immutabilité, de leur divisibilité, & de leur petit volume; la monnaie a de plus l'avantage de garantir par son coin la pureté & le poids des métaux. Cependant, à raison des frais d'achat & de conservation de ces métaux, on préfère d'avoir une partie de ce signe sous la forme de papier; car le papier réunit à une partie des commodités mentionnées ci-dessus celle d'être extrêmement transportable. Comme le gouvernement & les individus en France ont depuis quelques années exporté une grande quantité de ces métaux, il en est résulté un vide qui pourrait être avantageusement rempli par le papier. — Ne serait-ce donc pas une dépense inutile que d'importer à grands frais autant de de ces métaux qu'il en a été exporté, pour remplacer le papier, qui, tant qu'il existe dans la circulation sans la surcharger, est d'une utilité générale, & qui, pour la quantité qui supplée au numéraire exporté, doit être considéré comme devant rester toujours en circulation, sous la garantie de la foi nationale. Il résulte de là (ce qui est d'une haute importance), que cette quantité de papier supplétoire du numéraire exporté, ne doit pas être comptée parmi celle dont les domaines nationaux à vendre sont le gage. — Si même la totalité du signe métallique en circulation avait disparu (& certainement il n'en manque pas la moitié), cette *totalité*, suivant quelques personnes, n'égalerait pas la valeur *d'un trentième* des propriétés mobiliaires & immobiliaires de la France. On voit par là à quoi doivent se réduire toutes les craintes que l'on a conçues sur le manque de numéraire.

Mais on va dire peut-être, que nous avons oublié de parler de l'état du capital, du crédit, du com-

(1) Il résulte de là que tout moyen de circulation facilite la classification de l'emploi de l'industrie, que les économistes politiques nomment la *division du travail*.

merce & des colonies, durant la révolution. — Nous répondrons à cela par les remarques ſuivantes, parmi leſquelles nous placerons des conſidérations acceſſoires, ſurtout par rapport à l'agriculture.

1.° Le *capital* conſiſte dans l'un ou l'autre des articles que nous avons indiqués; il ſe compoſe des propriétés mobiliaires ou immobiliaires, de leur ſigne repréſentatif, & des talens perſonnels acquis par une éducation diſpendieuſe. — Nous en avons parlé: nous avons donc parlé du capital.

2.° Les commerçans dépendent du *crédit*, & nous n'en avons encore rien dit; c'était ici le moment de le faire. — Le crédit dérive, ou d'une opinion générale de ſolvabilité, ou d'un gage actuel mis en dépôt; & il conſiſte à pouvoir, en vertu de l'un de ces deux moyens, diſpoſer du capital des *autres*, car il n'en crée point, ſi ce n'eſt par les ſuites qu'il a. — De là l'uſage des *banques*, qui ſervent, de plus près que le public ne peut le faire, la propriété & l'expectative des individus; & qui, quand elles croient pouvoir le faire avec ſûreté, émettent du papier fondé ſur cette baſe, ainſi que ſur celle de leurs biens ou de leur expectative propre. Les banques font un profit ſur cette émiſſion; mais, à l'exception des frais de leur établiſſement, & des eſpèces ou autres effets qu'elles tiennent en réſerve pour le payement de leurs billets (quand ils ſont échus & préſentés), elles ne font point d'avances. Leurs émiſſions ne ſont que des *promeſſes;* & le capital flottant (1) reſte celui des perſonnes *qui ſucceſſivement ſe défont de leur propriété ou de leurs denrées, & reçoivent en échange une promeſſe de la banque transférable à d'autres.* — Ainſi, tandis que l'exiſtence du moyen de circulation dans un pays écarte l'inconvénient de la néceſſité des échanges, c'eſt-à-dire, la néceſſité de *changer* une propriété actuelle contre une autre propriété actuelle, le *crédit* met un individu en état d'emprunter des fonds flottans, ſans *aucune aliénation de propriété;* car dans le

(1) Capital en circulation, & libre; celui qui eſt diſponible & employé pour les tranſactions du commerce, ſans qu'il ait beſoin de dénaturer ſes propriétés.

cas de la plus grande défiance à son égard, sa propriété, quand il emprunte, est seulement mise dans un état momentané de dépôt, ou devient le sujet d'une hypothèque qui lui en laisse cependant l'usufruit.

3.° Il résulte de la réunion de ce qu'on a dit dans les deux articles précédens, que, s'il existe un capital réel ou seulement de favorables perspectives, du côté du *marchand*, on peut lui créer un capital flottant. S'il est forcément dans l'inaction, jusqu'à ce qu'il ait ce capital, il s'ensuit qu'il est important qu'il en soit au plutôt pourvu. — Il y a aujourd'hui en France beaucoup de marchands ayant un capital réel, qui demeure stagnant, formé de biens ou de propriétés achetées durant la révolution à si bas prix, qu'ils en seront à la paix *plus riches* qu'ils ne l'ont jamais été. — Mais pour considérer la position des marchands en France, sous un point de vue plus général, tous ont acquis de l'expérience, & plusieurs d'entr'eux se sont formés dans ces derniers temps à l'économie; des commis qui ont du mérite, remplaceront des maîtres qui n'en avaient pas; les entreprises trop fortes pour un, seront faites par plusieurs; les étrangers leur prêteront réellement des capitaux, en leur vendant à crédit; le commerce s'accumulera avec le temps de nouveaux capitaux; & ces capitaux ne seront plus détournés du commerce pour suivre les vues ridicules de l'anoblissement des grandes alliances, mais ils iront en croissant à un point indéfini.

4.° Une autre observation à faire, c'est que l'état de dérangement du commerce est précisément celui qui convient le mieux aux *commencemens d'un système de commerce libre*, tel que l'établit la constitution (art. 355.). Les inconvéniens momentanés du début de ce système ne peuvent jamais être moindres que quand il y a le moins de commerce, d'engagemens & de prédilections. L'on peut espérer que le monopole, cette source apparente des richesses, mais source réelle de tant de maux, touchera ainsi plus tôt à sa fin en France, & qu'il sera aboli par contrecoup chez d'autres nations; ce qui donnera de nouvelles facilités aux personnes adonnées au commerce en France.

5.° Dans les mêmes circonſtances défavorables pour le commerce, il ſe peut faire plus aiſément que *quelques capitaux en ſoient retirés pour ſervir à l'agriculture ;* or l'agriculture française a beſoin de *nouveaux ſecours.* — Pluſieurs étrangers inſtruits, de bonne foi, s'étonnent de l'état dans lequel ils ont trouvé l'agriture ; & , ce qui eſt encore plus démonſtratif, les départemens bien cultivés rendent ſenſibles les erreurs des autres : enfin, pour dire beaucoup en un mot, des terrains immenſes y demeurent annuellement en jachère , quoique la bonne agriculture rejette abſolument l'uſage des jachères. Pourrait-on penſer d'ailleurs, que tandis que d'autres branches ont ſouffert du ſyſtème de deſpotiſme & de la négligence du gouvernement, l'agriculture ne s'en fût pas reſſentie? Il n'y avait en France aucune école ſcientifique pour la maſſe de ſes cultivateurs; il reſte encore à tirer de l'étranger pluſieurs races de beſtiaux, pluſieurs plants & ſemences, pluſieurs machines & pluſieurs procédés; & une grande partie de ce qu'il y a de bonnes pratiques en France, n'y eſt pas connue généralement (1).

6.° Nous ne ſommes pas dans le cas d'avoir à

(1) Comme le capital eſt le premier agent en agriculture, l'agriculture doit auſſi être le *premier objet d'un peuple ;* parce que, ſi la nature eſt la grande ſource de richeſſe, il eſt plus avantageux à un peuple de tourner ſon attention vers cette portion de la nature qui eſt au milieu de lui, & que des accidens étrangers ne peuvent pas atteindre eſſentiellement. — Des écrivains théorétiques établiſſent, entre autres motifs de préférence pour l'agriculture, qu'elle eſt profitable aux perſonnes qui ne travaillent pas elles-mêmes, auſſi bien qu'à celles qui travaillent de leurs mains : ils entendent par-là qu'une nation bénéficie par l'agriculture, non-ſeulement à proportion de ſes avances, mais encore par-delà, au ſeul titre de la propriété du ſol. En effet le propriétaire de la terre retire un revenu, même de la portion où il ne fait *point* d'avances; & de celles où il en fait, il retire au-delà de la proportion de ſes avances. Cette partie de ſon revenu, qui lui reſte après le paiement des taxes & le rembourſement de ſes avances, eſt, ſelon leur opinion, une ſorte d'*annuité* que l'on achète & que l'on vend communément à un prix très-haut, en raiſon de ſa ſolidité.

déprécier la valeur des *colonies.* En le faifant, nous paraîtrions vouloir pactifer avec leur perte, & la France n'y fera pas réduite à la paix (1). Nous obferverons feulement que l'on peut appliquer à peu près aux colonies les raifonnemens que nous avons faits fur l'état de la France ; & nous calculons que l'acquifition d'un *nouveau territoire* dans la partie efpagnole de S. Domingue ( faifant les deux tiers de cette isle), compenfera tout ce que la France a perdu dans les deux Indes. — Quant aux *Nègres*, fi le projet de leur affranchiffement ne répond pas, pour le moment, aux vues du commerce, il feconde au moins celles de l'humanité ; & il tend à augmenter les forces pour la guerre. Il rendra même bientôt plus que précaires les poffeffions coloniales des autres puiffances qui prétendraient retenir les Nègres fous un régime différent.

Mais pourquoi nous borner à des raifonnemens techniques fur la probabilité des fcènes brillantes de profpérité & de bonheur, qui fe préparent pour la France, malgré fon état actuel ? Les raifonnemens techniques, les fentimens de la nature humaine & les faits doivent toujours, à cette occafion, être examinés conjointement. — Obfervons donc que *l'adverfité & la néceffité* produifent naturellement l'effort & l'invention : elles ne font pas feulement les grands hommes, elles font auffi les grands états. Prefque toutes les républiques ayant été le réfultat d'une lutte plus ou moins longue, & la plupart d'entr'elles ayant commencé à exifter dans les lieux peu favorifés de la nature, nous trouvons là une raifon nouvelle, de ce que les républiques ont toujours plus fleuri, à proportion, que les monarchies. — Pourquoi donc défefpérer de la France, après avoir vu la fplendeur de Vénife, de la Hollande & de l'Amérique feptentrionale ? Serait-ce parce que les Français ont eu moins de troubles, & moins de ce que les anciens ont ap-

(1) Un traité de paix détruit fouvent, d'un trait de plume, toutes les opérations d'une guerre ; car les négociateurs tiennent compte de ce qui arriverait par la continuation de la guerre.

pelé *l'épreuve du caractère* (*exercitata virtus*)? — Enfin, chacun se souvient de ce qui arriva sous Cromwell, après les guerres civiles d'Angleterre; & de ce qu'on vit en France sous Henri IV & son ministre Sully, après les temps les plus cruels. Mais écoutons ce que dit Voltaire d'un règne plus reculé, celui de Charles VII, qui chassa les Anglais de la France. „On s'étonne „ qu'après tant de désastres, la France eut tant de „ ressources & d'argent. Mais un pays riche par ses „ denrées ne cesse jamais de l'être, quand la culture „ n'est pas abandonnée. Les guerres civiles ébranlent „ le corps de l'état, mais ne le détruisent point. Les „ meurtres & les saccagemens, qui désolent des fa- „ milles, en enrichissent d'autres. Les négocians de- „ viennent d'autant plus habiles qu'il faut plus d'art „ pour se sauver parmi tant d'orages. — *Jacques* „ *Cœur* en est un grand exemple. Il avait établi le „ plus grand commerce qu'aucun particulier de l'Eu- „ rope ait jamais embrassé. Il n'y eut depuis lui que „ *Cosme Medici*, que nous appelons *de Médicis*, qui „ l'égala. *Jacques Cœur* avait trois cents facteurs en „ Italie & dans le Levant. Il prêta 200,000 écus „ d'or au roi, sans quoi on n'aurait jamais repris la „ Normandie. Son industrie était plus utile pendant „ la paix, que Dunois & la Pucelle ne l'avaient été „ pendant la guerre." *Essai sur les mœurs & l'esprit des nations.*

Nous voyons ainsi, tant par l'histoire, que par la théorie, quelle part ont dans l'origine ou le développement de la richesse nationale, *la nature*, *les hommes*, *& la partie la plus ineffaçable de leur industrie.* Comme la nature est la base de tout (car le reste ne constitue que les moyens); comme d'ailleurs les productions naturelles, utiles à la consommation, sont non-seulement en majeure partie annuelles, mais encore ne *durent* en général qu'une année; il s'ensuit que l'abondance peut rapidement remplacer la disette. — Nulle part cette conclusion n'est plus vraie que dans un pays énergique comme la France, qui, par ses efforts dans la *révolution*, a prouvé qu'elle était capable de surmonter toutes les difficultés & d'exécuter toutes les améliorations, pour ainsi dire, en un moment.

Mais il ne faut pas se dissimuler que toute grande opération de ce genre demande qu'il existe les plus grandes facilités pour les transactions entre les citoyens. S'il y a des domaines nationaux à vendre, des taxes à payer, des emprunts à remplir, c'est en dernier ressort, *des individus* (pris collectivement ou séparément) que dépend le succès de l'opération : sans leur secours, les gouvernemens seraient réduits proprement au moyen personnel de leurs membres, & pourraient aussi bien adresser leurs lois aux arbres & aux pierres. -- Mais que peuvent faire les individus, si les fluctuations du papier national les empêchent d'avoir un moyen *suspensif?* ou qu'arrivera-t-il si la non existence du crédit privé les empêche de se prévaloir dans leurs affaires de la valeur des propriétés *qu'ils ne voudraient pas aliéner;* ou, si dans cette aliénation (nécessitée par les besoins publics & les leurs propres) ils sont obligés de vendre bien *au-dessous de la véritable valeur?* N'est-il pas clair, dans ce cas, que tout doit rester en stagnation ou courir à sa ruine; & que les maux de l'enfance des sociétés doivent se renouveler : maux plus sensibles à proportion que la société aura joui davantage des progrès qu'elle avait faits antérieurement.— Si, par exemple, réduits, faute d'un signe fixe, à la voie des échanges, les citoyens ont trop senti les inconvéniens de cette voie, pour vouloir s'y livrer; si, en conséquence, ce n'est qu'à regret qu'ils travaillent à produire; ou s'ils consomment eux-mêmes avec prodigalité, ou qu'ils mettent en réserve dans un temps de disette ce qu'ils ne porteront au marché que dans un temps futur d'abondance; qu'arrivera-t-il? La production étant ainsi diminuée, ou ses objets étant dilapidés ou cachés; la subsistance d'une population multipliée & de la classe industrieuse pauvre (dont l'existence est dûe à la prospérité passée), souffrira essentiellement de ce désordre (1).

(1) Il importe de ne pas se tromper ici & de ne pas faire la chose à demi. Établir un *moyen de circulation qui ne soit pas sujet à varier*, & fonder une *banque d'emprunt*, sont deux choses distinctes; car un homme peut avoir des fonds & n'être pas disposé à les prêter : mais une banque est *une société de prêteurs*, & c'est cette ressource qu'ils s'agit d'ajouter au moyen de circulation.

Certainement des papiers de deux espèces peuvent surcharger la circulation, si la chose est mal conduite. Mais 1.° on peut mettre des bornes à l'émission des billets de banque; 2.° le gouvernement peut emprunter d'elle, & alors il importe peu (sous le point de vue dont il s'agit ici), que ce soit la banque ou le gouvernement qui fasse imprimer le papier; d'ailleurs, quand l'activité est rendue à toute la société, le champ de la circulation acquiert une grande étendue. — Si l'on craint quelque danger de l'influence que pourrait avoir une banque sur le sort de la révolution, on peut, au lieu d'une seule, en former plusieurs; & même le gouvernement ne pourrait-il pas avoir sur elles un certain droit d'inspection, qui le mît *seulement* à portée de provoquer, au besoin, les lois nécessaires? car tout serait perdu, s'il y intervenait d'une manière plus positive.

Au reste, les révolutions ne se font jamais faites par le moyen de la prospérité des finances; & elles se font soutenues par des expédiens. Mais la France a eu, pour établir un bon système, de grandes ressources dont elle n'a pas tiré le meilleur parti. — Il serait honteux pour elle de rester plus long-temps au-dessous de sa position.

Si, pour la restauration des finances de la France, on prenait le parti de vendre une quantité de domaines nationaux; cette opération *réduirait le capital flottant des acquéreurs de ces domaines*. Les banques offrent trois avantages capables de remédier à cet inconvénient. Le *premier* de mettre en état d'acheter ces domaines plusieurs individus qui ne le pourraient pas autrement, ou du moins pas avec autant d'étendue, & par conséquent de produire une concurrence qui augmenterait le prix des domaines; *ensuite*, celui de fournir les moyens de travail, & les autres objets nécessaires pour mettre l'acquisition en activité & en plein rapport; & *enfin*, celui d'intéresser en faveur de la révolution, tant les acquéreurs, que les compagnies de banque qui prêteraient aux acquéreurs sur le crédit de leurs possessions. — On satisferait ainsi à deux grands objets, c'est-à-dire, à une politique saine & à une plus forte production; & l'on écarterait une des

Ce ſont là des maux terribles ; mais ils n'appartiennent pas à la liberté : car il eſt évident que tout gouvernement *aidé par le concours du public*, peut s'en garantir. — Finiſſons donc par quelques remarques au ſujet de ce *concours du public*, duquel dépend ſi évidemment le reſpect dont la France peut jouir ; & par conſéquent le prompt retour de la paix générale, & la tranquilité finale du genre humain.

Suppoſons nous, à cet effet, vis-à-vis d'un citoyen honnête, mais mécontent ; nous lui adreſſerons le diſcours ſuivant. Nous y répéterons quelques objets déjà traités ; mais ce ſera ſous de nouvelles formes, & principalement dans l'intention de diſſiper quelques préventions qui ſubſiſtent encore. Ce ſera, en quelque ſorte, des mélanges ſur l'enſemble de notre ſujet.

## CHAPITRE VI.

### *Adreſſe à un mécontent.*

„ Vous êtes mécontent, dites-vous, de la conſtitution. Mais aimiez-vous l'ancienne conſtitution, ce „ compoſé de vices, de bigotterie, de folie, de violence & de chances du haſard ; qui vous rendait inférieurs dans le commerce, & ſouvent dans la guerre, „ à un pays dont la population n'eſt que la moitié de „ la vôtre, & dont la conſtitution eſt imparfaite ? „ Ou, ſi même vous aimiez votre ancienne conſtitution, pouvez-vous la rétablir ; où trouvez-vous „ qu'il ſoit plus aiſé d'en ſubſtituer une troiſième ? „ — Pourquoi donc perpétuer de dangereux murmures ſur des maux que vous-même ne croyez pas „ entièrement tels que vous les peignez ; ſur des „ calamités à venir, dont vous-même n'êtes pas entièrement aſſuré, & ſur des incidens inſignifians qui

principales cauſes de la crainte que l'on pourtait avoir que quelques-uns des propriétaires des banques ne fuſſent diſpoſés à travailler contre la révolution.

„ ne méritent pas l'attention d'un homme ſage ? Pour-
„ quoi rabaiſſer le bien qui eſt évident, & exagérer les
„ maux qui ſont ſans remède ? Eſt-ce par cette poli-
„ tique que vous croyez terminer la guerre & la révo-
„ lution ? Embraſſez plutôt vos amis & vos proches,
„ qui ſont ſur les frontières ; découragez les chouans
„ en tout genre qui troublent votre agriculture & votre
„ pays ; & rétabliſſez le crédit, le commerce & l'abon-
„ dance. — On dirait que vous ne déplorez les bleſ-
„ ſures de votre patrie, que pour les tenir ouvertes.

„ Si la nouvelle conſtitution que vous rejetez eût
„ été priſe dans Platon, on l'aurait, d'après ſon maître,
„ trouvée divine ; car elle a la liberté pour but &
„ pour inſtrument ; & elle embraſſe tout ce que les
„ ſages ont juſqu'ici recommandé ou recherché en
„ fait d'inſtitutions poſitives ou de précautions poli-
„ tiques. Sur le ſauvageon de la liberté elle ente
„ la ſcience, ainſi que l'amour de notre prochain,
„ & elle vous donnera les fruits de ce mélange. —
„ Vous n'objecterez pas (ou, au moins, vous n'oſeriez
„ l'avouer), *qu'elle ſe propoſe de rendre heureux un trop*
„ *grand nombre de perſonnes*. En effet, elle ne veut
„ *votre* bonheur que comme celui *d'un* autre : mais
„ d'un autre côté, elle n'abaiſſe perſonne que pour
„ relever la totalité.
La conſtitution eſt *nouvelle* à divers égards : mais
„ c'eſt dans le fait un des ſymptômes qui lui ſont fa-
„ vorables ; car, comme elle *diffère* des *autres* conſti-
„ tutions qui n'ont jamais été juſtes envers l'humani-
„ té, c'eſt un indice de *ſa juſtice*. En vous ſervant
„ d'un téleſcope, ou d'un microſcope, vous vous
„ attendez à voir une ſcène nouvelle ; la raiſon cul-
„ tivée eſt un inſtrument de viſion intellectuelle, par
„ lequel nous ne découvrons pas ſeulement de nou-
„ veaux objets, mais nous les conſidérons ſous leur
„ véritable point de vue. C'eſt à la raiſon cultivée
„ que nous devons la révolution & la conſtitution.
„ La ſervitude, durant ſa *longue* exiſtence, s'eſt
„ repliée & entrelacée de *mille* manières, & n'a ja-

„ mais présenté que la misère sous de nouvelles „ formes. La liberté de son côté n'a paru que par „ *intervalles* & par *fragmens*, mais toujours pour faire „ des prodiges, & elle a toujours laissé entrevoir „ ce qui manquait à l'essai pour le rendre parfait. — „ Jusqu'ici la liberté a échoué, faute de bons plans „ & d'occasions favorables. Nous n'avons appris des „ anciens que les ressources que les mœurs offrent à „ la politique. Nous n'avons vu dans une partie du „ moyen âge que le gouvernement des prêtres: & „ quand ceux-ci n'ont pu gouverner plus long-temps „ en chef, ils ont fait un pacte avec le pouvoir civil, en „ lui disant: „protégez nos revenus & notre systême, „ & nous vous rendrons absolus, en enseignant que „ le *pouvoir civil vient de Dieu même*. „

„ Les moyens de s'affranchir de cette double tyran- „ nie ont été lents; mais l'action a été accélérée, „ quand on a divisé l'entreprise. Luther démasqua le „ clergé; Voltaire attaqua la bigotterie; Hampden „ s'éleva contre les taxes arbitraires; Locke renversa „ la doctrine, que le pouvoir des princes vient de „ Dieu & ne doit éprouver aucune résistance; Rousseau „ démontra qu'il n'y avait de souveraineté que celle „ du peuple, & que les hommes devaient être édu- „ qués comme des hommes : les Français ont ajouté „ que ce n'est pas assez d'être libres, qu'il faut encore „ que nous soyons heureux, & que pour être heu- „ reux, il faut être bienveillans, pacifiques (1) &, „ s'il est possible, se vouer à l'agriculture. — Par „ cette marche lente mais sûre, les Français se sont „ trouvés préparés à profiter de la crise où se vit „ leur ancien gouvernement en 1787. Mais ils étaient „ partagés alors entre le sentiment de leurs droits „ & la prudence. — Le premier pas fut pour le re-

(1) Les Américains faute d'ambition; les Suisses par le calcul de leurs intérêts; les Vénitiens &, jusqu'à un certain point, depuis un grand nombre d'années, les Danois, manque de motifs, ne se sont engagés dans aucune guerre. Mais les écrivains français, & les Quakers sont les seuls qui, *en masse*, aient été, par principes & par sentiment, les apôtres d'un systême de paix universelle.

„ dreſſement des *griefs*. Ils ſe trouvèrent bientôt aſſez „ forts pour inſiſter ſur une *réforme dans le gouvernement*. Quand le roi les trahit, il ſe décidèrent à „ des changemens plus fondamentaux. La guerre venant enſuite à les preſſer dans cet interrègne, „ quelques hommes revêtus de grands pouvoirs proviſoires, abuſèrent de ces pouvoirs. Mais l'abus fut „ arrêté, & la conſtitution actuelle établie.

„ Nous voyons dans ce tableau, que l'eſprit humain a changé, & avec lui la conduite des hommes. „ Nous avons des exemples de pareils changemens „ dans d'autres matières. Déjà la bouſſole, les inſtrumens d'optique, & l'art de l'imprimerie nous ont „ fait connaître dans les temps modernes, de nouveaux mondes terreſtres, céleſtes & intellectuels; „ la chymie, la philoſophie naturelle, la mécanique, „ ont franchi leurs anciennes limites; & l'electricité „ non-ſeulement nous a donné l'explication de l'éclair „ & des aurores boréales, mais elle a découvert „ l'exiſtence d'un nouvel agent dans la nature. De nouvelles connaiſſances nous ont obligés à refondre nos „ livres, nos pratiques, nos méthodes, nos procédés & même nos mœurs. L'on a déjà fait cette „ obſervation, relativement aux effets de la découverte „ de la poudre à canon. Tout dans nos temps modernes „ eſt ſingulier & révolutionnaire. — Partez donc de „ ce point fondamental, que les anciens ont été dans „ l'ignorance ſur pluſieurs objets; & qu'il n'eſt jamais „ trop tard pour embraſſer un principe vrai. Vous „ ceſſerez alors de regarder la politique comme immobile, & la conſtitution comme impraticable.

„ Mais vous révoquez en doute la ſageſſe des „ auteurs de cette conſtitution. — Eh! pourquoi „ cette prévention à l'égard de la *commiſſion des onze*, „ quand vous ſavez qu'ils trouvaient tous les moyens „ poſſibles d'inſtructions dans les lumières du ſiècle, „ & l'expérience que leur donnait le gouvernement „ proviſoire de la France; & quand vous ſavez „ qu'aſſurément ils n'avaient point de préjugés? Vous

„ leur

„ leur devriez plutôt des éloges pour la générosité „ avec laquelle, dans des circonstances qui ne présen„ taient guères d'augures favorables, ils se sont dé„ voués à un travail dont le résultat devait abréger la „ durée de leur pouvoir. — Du reste, réfutez ce qu'on „ peut dire en faveur de la constitution; ou recon„ naissez qu'elle mérite qu'on en fasse l'essai avec can„ deur & loyauté.

„ Si vous dites que l'on ne se conforme pas à la „ constitution dans la pratique prouvez que ces „ écarts sont importans; & souvenez-vous que tous „ ceux dont on a à se plaindre sont dûs aux mal„ veillans, qui, en obstruant les voies légales, ont „ forcé de se frayer une autre route.

„ Prenez garde aussi de confondre les incidens de „ la révolution & de la guerre, avec ce qui appar„ tient en propre à la constitution. Celle-ci, faut-il „ espérer, a déjà payé amplement par tout ce qui tra„ versa son établissement, le tribut qu'elle pouvait „ devoir à la faiblesse humaine; & vous seuls, en en„ courageant une *révolution nouvelle, en renouvelleriez* „ *toute la charge*. — Au reste, ces maux ne sont pas „ particuliers aux Français : la Hollande autrefois „ en éprouva de dix fois plus longs. Mais ce qu'il „ y aura de particulier à la France, c'est leur heu„ reuse issue; car pourquoi un plan de liberté *complette* „ manquerait-il de succès en France, lorsque même „ une liberté *tronquée* a prospéré par-tout ailleurs? „ Pour être heureux en France sous la constitution, „ il suffit de croire le bonheur possible.

„ Vous vous méfiez aussi des personnes qui ont „ le pouvoir en main. — Les mouvemens sponta„ nés de ceux qui ont eu le plus de part aux affaires „ depuis le 9 Thermidor, les ont graduellement portés „ à la douceur & à la modération, lorsqu'ils ne sont „ pas exaspérés par les dangers & par la résistance. „ Ils ont d'ailleurs acheté bien cher leur préémi„ nence, fruit de tant de fatigues & de périls; & leurs „ succès pour la cause du peuple, feront le bien de „ tous : *bien auquel d'autres avaient renoncé comme ne* „ *pouvant être atteint*. Considérez aussi que le grand

„ intérêt d'un peuple qui possède une représentation „ complette, est de s'assurer une *constitution*. C'est le „ *moule* qui décide de tout. S'il s'y est glissé des ma- „ tières défectueuses, le renouvellement de la re- „ présentation les changera, & réunira dans peu de „ temps, la perfection de la matière à celle de la forme.— „ C'est une grande erreur de considérer comme une „ chose facile le renversement de la constitution. Jamais „ encore l'on n'a vu une opération aussi vaste & so- „ lennelle, aisément détruite, si ce n'est par un grand „ changement de circonstances, dont la France n'est „ nullement menacée. Or, en s'affermissant, la „ constitution contiendra plus en plus dans leurs „ limites ses propres auteurs, le gouvernement & „ le peuple. Elle dominera, & ne sera pas dominée. „ Ses erreurs seules auront peu de durée.

„ Quant à la guerre étrangère, la coalition gigan- „ tesque formée contre la France n'est déjà plus „ qu'une alliance ordinaire; & tous ses membres sont „ aujourd'hui persuadés de la faiblesse du tout, & „ du peu de sûreté de ses parties, & n'attendent que la „ conviction de *votre* résolution, pour l'abandonner „ tout-à fait.— Daignez aussi considérer, un moment, „ que les malheurs que vous & l'espèce humaine „ auriez à essuyer, si les ennemis extérieurs de la „ France venaient à la conquérir, méritent bien „ quelque effort pour les repousser. — Bref, la „ France n'a besoin que d'un peu de sagesse, d'oubli „ mutuel des torts passés, d'union & de temps, pour „ surpasser ses propres moyens, malgré ses ennemis „ du dehors.

„ Modérez donc votre impatience. Dans les grandes „ affaires le temps est ce qui doit le moins arrêter. „ Une ou deux années de plus sont bientôt passées, „ même dans la vie d'un individu; mais un tel espace „ est trop court pour être compté dans la durée d'un „ état avec lequel la philantropie, le patriotisme & „ l'amour des générations futures nous identifient „ nécessairement. — Enfin, nous sommes communé-

„ ment de mauvais juges du préfent, parce que nous „ en jugeons communément d'après nos affections „ particulières.

„ Il eft encore une méprife effentielle dans laquelle „ vous tombez, à l'égard de la révolution françaife, „ & que nous allons confidérer à part: vous riez de „ la *fraternité* qu'elle profeffe, comme d'une chofe „ étrange & impraticable. — Cependant la fraternité „ n'eft pas en oppofition avec la religion, car celle-ci „ nous enfeigne que nous avons tous une même ori- „ gine. Elle ne l'eft pas non plus avec le bon fens, car „ elle s'accorde avec notre intérêt; ni avec l'humanité, „ car c'eft le frein qui modère le mieux les moyens „ qu'aurait la liberté pour être belliqueufe. — Appor- „ tons un léger correctif à l'amour de la *renommée*, & „ nous trouverons qu'elle répond à la fraternité (la „ vanité eft dans un certain fens *fociale*: elle cherche „ à fe conformer aux fentimens des autres). Ainfi, au „ lieu de tourmenter les hommes par la guerre, pour „ obtenir leurs fuffrages inconfidérés, gagnons leurs „ juftes fuffrages en les fervant dans la paix. Au lieu „ de les voler, afin de pouvoir les éblouir enfuite par „ le vain étalage de leurs dépouilles, cédons-leur „ quelque chofe pour foulager leur mifère. Au lieu „ de nous fatiguer à la pourfuite de modes frivoles, „ mettons notre gloire dans la mode, feule folide, „ de nous aimer, de nous fecourir les uns les autres. „ Voilà les points principaux de ce que l'on entend „ par fraternité. — Si de tels fentimens prévalaient „ (*& cela dépend de ceux* (1) *qui applaudiffent les autres*), „ à peine aurait-on befoin d'une religion, fi ce n'eft „ pour promettre à la vertu un furcroît de récom- „ penfes; car la fraternité, ainfi entendue, comprend „ notre devoir envers les autres & envers nous- „ mêmes, & elle nous conduit à rendre juftice à l'ou- „ vrage du créateur commun. Mais fi, de plus, vous

(1) C'eft-à-dire, de chacun de nous, dont l'intérêt eft que ces fentimens prévalent, qui fommes toujours en plus grand nombre que les acteurs de la fcène politique, & qui, communément, réglons leur conduite par nos fuffrages. *Note du traducteur.*

„ êtes chrétien, fouvenez-vous que la fraternité était
„ la *grande doctrine* de votre aimable maître. — La
„ fraternité peut devenir fi parfaite & fi étendue,
„ qu'elle l'emporte fur ce qu'on appelle *patriotifme*,
„ *vertu équivoque dans tout gouvernement qui ne calcule*
„ *pas la juftice générale & le bonheur du genre humain*.
„ — Celui qui dit que le genre humain ne peut de-
„ venir meilleur, fe rend le complice de fes crimes,
„ en nous détournant de l'effai de notre amendement.

„ Tenez-vous donc fermement attaché à la CONSTI-
„ TUTION. Le defir d'une chofe vague & chimérique,
„ eft indigne d'un homme de fens, furtout lorfqu'il
„ eft prouvé que la réfiftance au cours de la révo-
„ lution l'a conftamment précipité. Si la colline ne
„ veut pas venir à Mahomet, il faut que Mahomet
„ aille à la colline. - Suppofé qu'il pût avoir été un
„ un temps & des cas où un prince & un miniftre
„ auraient mieux valu qu'un fyftème repréfentatif,
„ parce qu'une portion du peuple aurait été plus qu'eux
„ ennemie de la liberté de confcience & de celle
„ de la preffe; aujourd'hui, le peuple commen-
„ çant à s'occuper de ce qui l'intéreffe, les princes
„ & les miniftres voudraient arrêter le cours des lu-
„ mières : ils perfécuteraient la liberté & fe livreraient
„ à leur vengeance perfonnelle. — Fiez-vous donc
„ plutôt à la conftitution. — Pour adoucir la liberté,
„ la conftitution lui donne la fraternité pour com-
„ pagne. Pour animer fes enfans à la fervir, elle em-
„ ploie le ftimulant de la gloire; deforte qu'en mourant
„ pour la caufe commune, ils ont l'efpérance flat-
„ teufe de continuer à être l'objet de nos louanges.
„ Elle pourvoit à l'éducation, dans la vue de com-
„ muniquer aux jeunes gens les grands fecrets de la
„ fcience, de former en eux une volonté & des ha-
„ bitudes droites, & d'affurer pour eux & pour
„ leur patrie les moyens de les rendre indépendans
„ & utiles. Elle chérit les arts, qui font le réfultat
„ agréable des connaiffances, & qui établiffent d'ail-
„ leurs des relations entre les riches & ceux qui vi-
„ vent de leur induftrie.

„ Raſſurez-vous donc ſur la concurrence de ceux » que vous appelez vos inférieurs ſous la nouvelle » conſtitution : c'eſt le ſentiment que chaque individu „ a de ſa propre importance, qui donne l'impulſion à „ l'enſemble de la ſociété (1). C'eſt là auſſi ce qui fait „ ſentir à chacun, que, pour attirer l'attention, il „ doit ſe rendre utile. Faites-donc que la ſituation „ de tous les hommes vertueux ſoit ſi heureuſe, & „ que votre caractère ſoit ſi modéré, que la perſpec-„ tive de n'avoir en partage que le dernier lot ſocial, „ ne vous effraie point, ſi la néceſſité vous y réduit. „ — Évitez de vous apprécier à raiſon de vos ta-„ lens, car ils ſont le don de la même nature qui „ a fait d'autres hommes ſans talens : gardez-vous „ encore plus de vous évaluer par vos richeſſes, car „ ſi vous avez des talens réels, vous apprécierez „ votre titre aux richeſſes. Pour ce qui eſt de la naiſ-„ ſance, voudriez-vous que la conſidération dont vous „ voulez jouir, n'eût d'autre fondement qu'un acci-„ dent, qui n'eſt pas toujours bien conſtaté ?

» Quant aux puiſſances étrangères, lorſque la „ guerre ſera entièrement terminée, il ſera peut-être „ ſage de tâcher de les oublier ; ſi ce n'eſt pour vos „ intérêts ou des motifs d'une utilité réciproque. Dans „ ce cas, ne vous arrêtez pas aux maux que les „ puiſſances, les miniſtres ou les peuples peuvent vous „ avoir faits. De leur côté elles commenceront bientôt „ à reconnaître les funeſtes conſéquences de leur con-„ duite ; du vôtre, de grandes compenſations vous „ conſoleront. Quand le Spartiate fut mordu par une „ ſouris, il la laiſſa aller, en diſant, *le monde eſt aſſez* „ *grand pour toi & moi.* — Mais ſi les étrangers ſe „ refuſent *dans la ſuite* à un ſyſtème pacifique, c'eſt „ *alors* que vous aurez le droit de vous mêler de „ leurs affaires : juſques-là celles-ci ne concernent „ qu'eux.

(1) Spiritus intus alit, totamque *infuſa per artus*
Mens agitat molem, & magno ſe corpore miſcet :
Igneus eſt ollis vigor, & cœleſtis origo. VIRGIL.

„ Tels ſont vos principaux devoirs. Les eſpérances „ de bonheur qui en découlent ſont préférables à „ celles que vous offre *tout autre plan laiſſé à votre* „ *choix.* — Si vous refuſez néanmoins de vous y con- „ former ; ſi, au lieu de condeſcendre à montrer de „ l'attachement au gouvernement, vous cherchez à „ l'avilir, à em barraſſer ſes mouvemens, à affaiblir „ ſes reſſorts ; ſi vous ne voulez pas vous prêter à „ ce que vous preſcrivent ou la droite raiſon, ou „ vos malheurs antérieurs ; non-ſeulement vous n'êtes „ pas fait pour donner des lois aux autres, mais il „ faut que vous obéiſſiez à cette force rigoureuſe avec „ laquelle vous voudriez, ſi indignement, maîtriſer ceux „ qui dans l'ordre de la nature ſont vos *égaux* & vos „ *frères.* „

*Des mois de février & mars 1796.*

# APPENDIX.

## ARTICLE PREMIER.

*Note qui répond à celle de la page 59, sur quelques particularités concernant la Pensylvanie & la Grande-Bretagne.*

UNE organisation pareille à celle des premières législations de la France, a produit, dit-on, un effet pareil chez les *Pensilvaniens:* preuve nouvelle que les vicissitudes dont on se plaint ne tiennent pas uniquement au *caractère des Français* Ces bons Pensilvaniens descendent d'Anglais, d'Allemands, & d'autres nations qui ont la réputation d'être *phlegmatiques;* & ils ont dû devenir eux-mêmes plus phlegmatiques encore, plusieurs ayant embrassé les opinions des Quakers, des Presbytériens & d'autres sectes d'un caractère grave. — Après leur séparation de la Grande-Bretagne, les Pensylvaniens établirent leur législature *une*, parce qu'ils étaient, dit-on, alarmés des défauts du gouvernement *composé* de l'Angleterre. Cette législature une, fut, à ce qu'on prétend, trop précipitée dans sa marche; elle commit des erreurs, & bientôt elle fut changée. — Comme cet évènement a fait parmi les observateurs politiques, une impression *à l'avantage du gouvernement anglais*, & qu'il fournit une preuve *des progrès récents qu'on a faits dans la science du gouvernement;* nous placerons ici sur cet objet une digression, en forme de note.

On attribue la partie dont il s'agit ici du plan original de la législature pensylvanienne, au grand Franklin, qui au moins l'approuvait fort. Ce philosophe avait reconnu les vices du gouvernement anglais, qui dépend d'une balance mécanique d'intérêts différens, ou en d'autres termes, *de l'ordre qu'on avait imaginé devoir naître d'un système de confusion.* Ses remarques à ce sujet étaient bonnes; mais le remède qu'il indiqua l'était moins. Il avait raison de chercher à bannir d'un gouvernement des intérêts contraires; mais il aurait fallu lui conserver l'avantage d'une *double pensée.* Comme il paraît avoir été amateur des maximes, il aurait pu se souvenir de celle qui dit: *pensez deux fois avant d'agir une fois.* — La législature britannique a bien une ſorte de moyen d'acquérir cette ſeconde penſée par la lenteur & la publicité de ſes opérations, & par l'influence de l'opinion publique ; mais l'effet ſe réduit toujours à ce qu'en décide le miniſtre.

La *conſtitution* britannique renfermant deux claſſes de matériaux qui n'avaient point de rapport, gagna par l'addition de la partie populaire. Son mérite donc ne conſiſte pas tant en ce qu'elle a *trois* branches, qu'en ce qu'elle en a une *troiſième* qui empêche les maux réſultant des *deux autres*. — Mais la *pratique* de ce gouvernement eſt encore pire que ſa théorie. Le roi, tirant du peuple l'argent qu'il emploie à corrompre ſes repréſentans & les pairs, devient maître de tous les deux, & maintient ainſi la paix dans la maiſon.

La conſtitution françaiſe au contraire étant le fruit d'une délibération, & non l'effet d'un accommodement ou du haſard, ſe meut avec ſûreté ; elle n'a pas à *corriger* les écarts de corporations hoſtiles ; mais elle commence, comme elle finit, ayant le peuple ſeul en vue. Elle a un ſeul intérêt dans deux poſitions ; un ſeul eſprit avec deux yeux, ou plutôt avec deux organes de la vue. Elle s'effraie de tout ce qui a l'apparence d'ordre privilégié, ou d'une corporation publique ou privée. Mais, par-deſſus tout, elle rejette l'idée d'un maître appelé monarque & d'un gouvernement appelé ſouverain.

Quand une petite partie d'une nation gouverne le reſte, ce ne peut être que par la corruption, par les factions, ou par la déſorganiſation de l'eſprit public (ſtupéfié certainement alors par la ſuperſtition, les préjugés, & l'oppreſſion générale). Tel eſt, à conſidérer la choſe *à priori*, le fondement néceſſaire de tout gouvernement qui ne provient pas du peuple ; & c'eſt malheureuſement, juſqu'à un certain point, le cas de celui de la Grande-Bretagne. — Rendez *héréditaire* tout gouvernement *purement de corporation*, & ce que vous pourrez en eſpérer de meilleur, c'eſt qu'il ſoit tranquille, parce qu'il ſera énervé. Rendez-le *électif*, & non-ſeulement il s'élevera des querelles dans les élections, mais on y établira enſuite une lutte, dans la vue de le rendre héréditaire.

Mais la *ſucceſſion héréditaire*, eſt ſouvent purement nominale. La regle eſt quelquefois un ſujet de diſpute ; d'autrefois c'eſt ſon application : témoin ce qui s'eſt paſſé au ſujet de la loi ſalique, & entre les maiſons d'York & de Lancaſtre. Voltaire dit : " l'hiſtoire de L'Europe eſt devenue un immenſe „ proces-verbal de contrats de mariages, de généalogies & de „ titres diſputés, qui répandent par-tout autant d'obſcurité „ que de ſéchereſſe, & qui étouffent les grands évènemens,

„ la

„ la connaiſſance des loix, & celle des mœurs, objets plus „ dignes de l'attention. " *Eſſai ſur les mœurs &c.*, fin du chap. 14. Ce ſont là des maux que la conſtitution françaiſe évite entièrement. — Elle évite auſſi les maux ordinaires des *gouvernemens électifs*, car elle diviſe le gouvernement en différentes parties ; & puis elle ſubdiviſe celle des fonctions qui eſt l'objet de l'ambition la plus dangereuſe, & elle atténue encore le pouvoir perſonnel des membres de ce corps, ſans cependant nuire à l'homogénéité ou à l'autorité de leur office. — Ses précautions à l'égard de ſon directoire exécutif, ſont ſimples. Elle renouvelle chaque année un des cinq membres dont il eſt compoſé ; elle empêche la réélection du membre ſortant, durant un certain intervalle ; elle prohibe l'accumulation d'autres fonctions, telles ſurtout que les fonctions militaires, & elle éloigne l'influence de la parenté. Enfin, les électeurs des candidats ( au lieu d'être des nobles héréditaires, ou des magiſtrats privilégiés, ou des eccléſiaſtiques, ou des généraux à la tête des armées, ou des princes étrangers) ſont tous repréſentans du peuple, élus pour un court eſpace de temps.

Que répondra à cela *certaine* claſſe de partiſans du gouvernement britannique (car nous ne parlons que d'une certaine claſſe)? — S'ils veulent être vrais, ce ſera trop probablement ce qui ſuit : " Nous nous eſtimons à raiſon de „ notre rang & de notre fortune : nous ne voulons pas avoir „ de tyran au-deſſus de nous ; mais nous n'entendons pas ré- „ duire nos droits *au niveau de ceux du peuple ;* & nous „ nous décidons pour le gouvernement britannique, comme „ répondant à ces vues. „ — C'eſt un miſérable prétexte, dicté par cet égoïſme, que d'aſſurer que *le peuple de la Grande-Bretagne eſt plus heureux qu'aucun autre ;* car il ne l'eſt pas autant que celui de l'Amérique ſeptentrionale, & il l'eſt beaucoup moins qu'il ne pourrait l'être. Le peuple n'a été heureux nulle part en Europe ; & la preuve en eſt dans la conduite de ces perſonnes même, puiſque toutes les convulſions que la France a éprouvées, proviennent de ce qu'aucun ariſtocrate du dedans ni du dehors ne peut ſupporter la terrible idée de devenir *comme un homme du peuple.*— Ils conſidèrent la liberté comme un préſent qui ne devoit être fait qu'à un petit nombre *d'élus* (1), leſquels cependant, après avoir joui de tous leurs vains privilèges au prix du malheur de l'immenſe majorité, trouvent à peine le moyen de ſe rendre auſſi heureux que pourrait l'être ce même peuple.

Il était bien temps qu'il ſe fît en Europe une expérience

(1) Ils ſe moquent en général de la diſtinction des *élus* en matière de religion, pour la rétablir dans la politique.

en faveur de la masse d'une nation, car il ne s'en était jamais fait de telle. — Ce que les Français ont souffert durant leur révolution, ne fait *pas partie de cette expérience* : il a été le *résultat* non d'un gouvernement libre & tranquille, mais seulement de *l'opposition* de leurs ennemis à ce qu'ils en jouissent. Mais d'ailleurs, comme l'aristocratie se croirait bien dédommagée de ses souffrances, si elle pouvait recouvrer son premier état; le peuple, de son côté, ne devrait trouver aucune souffrance trop grande, dans la vue d'obtenir, tant pour lui-même que pour sa postérité, une *liberté égale* pour tous. Il doit d'autant moins se plaindre à ce sujet, que les principaux mouvemens rétrogrades de la liberté & de l'abondance (par les suites du *maximum*, de la *terreur*, des *clubs*, &c), sont dûs à ses propres fautes ou à celles de ses favoris du moment.

Mais revenons à la *Pensylvanie* & à la Grande-Bretagne. — Le gouvernement de la Pensylvanie, comme l'histoire nous l'apprend, était ci-devant appelé *propriétaire*, parce que Penn (telle est l'inconséquence des hommes)! avait réservé, à perpétuité, pour ses descendans le droit d'être les gouverneurs du pays. Le mal ne fut pas grand en Amérique, parce qu'il y avait pour contrôler le gouverneur, d'une part un peuple libre, & l'autorité souveraine de la Grande-Bretagne, de l'autre. Mais cet exemple & celui d'autres parties de l'Amérique, montrent quelles fausses idées en gouvernement ont longtemps prévalu, même dans des pays réputés libres. — En Europe, une méprise pareille a eu de terribles conséquences. Tous les gouvernemens Européens ont été *propriétaires*, & en général la tête en a tourné aux princes & aux aristocrates. — De là la devise de la race actuelle des rois d'Angleterre : *Dieu & mon droit*, c'est-à-dire, *l'épée* (ce qui est la manière (*b*) dont les princes en appellent au ciel), *& mes droits de propriété*. Si le prince & le peuple de la Grande-Bretagne voulaient aujourd'hui y réfléchir un moment, ils reconnaîtraient que la devise devrait être : *la justice & le droit du peuple*. C'est le peuple qui a droit sur son roi, & non le roi qui a droit sur le peuple.

On trouvera peut-être que nous avons trop décrié la liberté anglaise. — Eh! bien, nous conviendrons que les Anglais ont une part dans leur gouvernement, puisqu'il est jusqu'à un certain point représentatif, & sous l'influence de l'opinion publique. Mais il est manifeste que cette opinion publique est égarée. S'il en était autrement, cette nation aurait complété sa liberté; &, comme la vraie liberté est sympathique,

(*b*) *Ultima ratio regum.*

elle se serait réjouie de l'affranchissement, non-seulement de l'Amérique & de l'Irlande, mais de la France & de la Hollande. — Les Anglais, ajouterons-nous, jouissent en sûreté de leurs droits comme simples individus, hormis lorsque la pauvreté les met hors d'état de fournir aux dépenses d'un procès. On peut même étendre cette assertion à leur code criminel, dont en bonne partie la férocité apparente est adoucie, comme l'on sait, dans l'exécution. Mais ce n'est pas un grand éloge que de dire que les Anglais ont de mauvaises lois, administrées avec impartialité à l'égard des personnes riches.

C'est une question historique intéressante que de savoir *par quels moyens les Anglais ont conservé la portion de liberté dont ils se vantent encore?* Nous en citerons les causes principales, autant que l'histoire nous les fait connaître. Quelquefois nous suivrons le fil de l'histoire, quelquefois celui de l'analogie. L'énumération de ces causes est plus variée, quoique plus courte que celle qu'a faite M. de Lolme; & elle pourra servir de supplément à *l'histoire de la liberté*, que nous avons donnée dans notre *introduction*.

Les Saxons portèrent en Angleterre différentes institutions favorables à la liberté, & dont les traces ne purent être effacées par les Danois. Le conquérant normand donna aux chefs de son armée, au clergé, & même à des favoris, des priviléges qui montrèrent encore plus de quels droits des sujets pouvaient être en possession contre la couronne. Le trône ayant été souvent disputé depuis la conquête, le pouvoir des barons devint successivement suffisant pour limiter celui du roi. Le roi pendant un temps ne put réprimer celui des barons que par le moyen du peuple. La couronne ayant subjugué ses ennemis, les barons, & ayant oublié ses amis, le peuple; la liberté parut courir de grands hasards sous Henri VII & quelques-uns de ses successeurs : mais l'union des états composant l'Angleterre proprement dite, permit à la totalité quelque concert contre ceux qui voulaient en tyranniser les parties. Durant ces contestations, une représentation imparfaite du peuple, pour de courtes périodes, ayant pris naissance, sa réunion au corps des pairs & du haut clergé, tint lieu *d'état-généraux*. Depuis le temps de la grande charte le droit de pétition s'était maintenu pour tous les citoyens : on l'a perdu pendant la guerre actuelle contre la liberté.

L'unité de la nation lui donna l'avantage d'avoir des lois assez uniformes, dont les unes, écrites, étaient publiques pour tous; les autres, non écrites, étaient consignées dans des livres que tous pouvaient consulter. L'étendue du pays permettait aussi d'avoir des juges impartiaux, parce qu'ils ne pouvaient pas connaître tous les individus, & parce qu'à chacune de leurs tournées pour rendre la justice, on avait soin de leur affecter une nouveau circuit, & qu'aucun ne pouvait exercer son office dans le comté où il était né. D'une part les jurés, dont l'institution dérivait des Saxons, de l'autre, l'appel des juges à la chambre des lords, empêchèrent la magistrature de former une corporation puissante.

Ajoutons ici que les préjugés religieux, qui seuls avaient une influence assez générale pour contrebalancer les préjugés serviles, favorisèrent, réunis à des succès militaires, quelques luttes en faveur de la liberté. La révolution que Cromwel tourna à son profit, forma plusieurs penseurs libres, & réprima considérablement le zèle pour la royauté, & spécialement pour les Stuart. La réformation avait déjà dissipé plusieurs autres préjugés : elle avait en particulier non-seulement fait évanouir ceux en faveur des moines & du pape, mais affaibli l'influence du clergé; avantages propres jusqu'ici aux pays protestans en Europe. Depuis long-temps on n'a plus entendu parler d'assemblée du clergé, comme corps séparé. Les moyens publics d'instruction étaient à la vérité imparfaits; mais nous ne voyons pas que la liberté de l'éducation privée fut gênée de fait en aucune manière depuis ce siècle. La presse a été long-temps assez libre en Angleterre. Par elle les Anglais ont profité non-seulement des talens de leurs concitoyens, mais de ceux des étrangers. — Voilà quelques-uns des moyens qui ont produit ce caractère moral que les Anglais appellent libéralité : mais d'autres circonstances ont servi la même cause.

Dans les temps modernes, le zèle des partisans du prétendant à la couronne, a, pendant près d'un siècle, engagé la famille régnante à ménager le peuple. Des périodes d'oppression ayant été auparavant à diverses fois entremêlées de périodes de révolution, il était aisé au parti populaire, en de certains momens, de prendre les mesures salutaires qu'exigeait le redressement de griefs récents. — C'est ainsi que plusieurs des franchises de la *grande charte* ont été suggérées par la tyrannie. Ainsi encore l'entreprise des taxes arbitraires du temps de Hampden, finit par attribuer aux communes l'initiative des lois sur les taxes; ce qui conduisit par contre-coup à différentes lois populaires; & plusieurs taxes ne furent accordées que d'année en année, pour maintenir le pouvoir dans les communes. Le même principe qui rendit ces taxes annuelles fit aussi de l'armée un établissement annuel; & cette précaution fut encore renforcée par celle de rendre annuelles aussi les lois même dont dépend la discipline de l'armée. Il se présenta un moment favorable pour obtenir l'acte d'*habeas corpus*, qui oblige de *produire la personne* détenue, pour voir si le cas ne permet pas de la relâcher sous caution. Ainsi les juges sont devenus inamovibles, si ce n'est pour cause de forfaiture, par concession du roi actuel. Ainsi les violences ou les intrigues ont été causes qu'un membre des communes ne peut être destitué par ses collègues, & en conservant sa rééligibilité par le peuple; & l'on a amélioré le tribunal qui juge les élections contestées de cette chambre.

D'un autre côté la défense naturelle que la mer fournissait en tout temps à ces insulaires, a rendu inutiles de grandes armées permanentes & de nombreuses garnisons. Cette même mer donnait au peuple le moyen de s'enrichir par le commerce. Elle donnait lieu à des colonies, dont l'influence ne se bornait pas à être une source de richesses. Les constitutions américaines faites pour encourager la population & le commerce, en présentant des traits frappans de liberté, semblent avoir ajouté à la considération accordée à la liberté en Angleterre.

Aucunes fonctions importantes, excepté celles du roi & des pairs, ne sont héréditaires chez les Anglais. Presque aucunes ne sont vendues, comme elles l'ont été en France, excepté les postes subalternes de l'armée de terre; ce qui fait que l'armée n'est que mélangée de noblesse. Toute industrie, toute profession étant ainsi ouverte aux citoyens du plus bas étage, les plus pauvres peuvent devenir riches par des moyens indépendans & honnêtes. Les hommes fort riches ou fort habiles, ne sont pas seulement sûrs d'arriver à la législature: ils peuvent encore espérer de s'anoblir eux-mêmes, ou au moins d'anoblir leurs descendans par la faveur, ou leurs filles par des mariages.

L'aristocratie est ainsi fort étendue en Angleterre, car elle renferme toutes les personnes vivant dans l'aisance, dont le nombre est si considérable : elle est moins oppressive que ne le sont d'autres aristocraties d'une nature pareille, mais dans des circonstances différentes.

Telles paraissent être les principales causes de ce qu'on appelle la liberté anglaise; causes qui n'ont pas eu tout l'effet possible, faute d'une constitution plus parfaite & d'une bonne éducation publique, qui pussent diriger l'action. Mais nous voyons clairement que celles qui y ont le plus contribué, sont l'unité de nation, le poids du peuple, les jurés, la faiblesse comparative de la magistrature & du clergé, le renouvellement des représentans, la limitation à une année de la durée des taxes dans certains cas, la même précaution pour le payement de l'armée, & une liberté considérable pour les personnes, la presse, la religion & l'éducation privée. — La constitution française réunit ces avantages à un degré plus parfait, & rejette les désavantages qui les accompagnent: elle est donc préférable à la constitution d'Angleterre.

Quant aux causes du *manque* de liberté dans *d'autres* pays de l'Europe, ce qui a été dit dans les paragraphes précédens conduira à la découverte des principales de ces causes, spécialement de celles qui ont aussi trait à l'ancien état de la France. — Nous ajouterons seulement que les querelles qu'ont élevées entre les papes & les empereurs, les liaisons mêmes destinées à former leur union, ont produit une multitude de petits états, en Allemagne & en Italie, diversement gouvernés par des ecclésiastiques, des princes & des corps aristocratiques, ne s'accordant qu'en un point, celui de mépriser le peuple. C'est de là que M. de Lolme aurait pu tirer ses meilleurs exemples pour prouver que la conquête de l'Angleterre par un bâtard normand, en réunissant le pays sous un seul gouvernement, tendait en définitif à la liberté anglaise. C'est de là que nous-mêmes tirons une nouvelle confirmation de ce que nous avons établi, que la France peut être libre, quoique formant une *grande nation*, & qu'en multipliant *le nombre de mauvais gouvernemens dans un territoire donné*, on ne fait que multiplier les yeux & les mains intéressés à commettre des injustices, & les placer de plus en plus près du pauvre, qui, ainsi poursuivi par ses maîtres publics & privés, ne trouve plus les moyens d'échapper à l'oppression.

## ARTICLE II.

*Extraits de différentes parties de la* Constitution française *& de la* Déclaration des droits & des devoirs, *dont elle est précédée, sur lesquelles l'on ne s'est pas assez arrêté dans cet ouvrage ; avec des remarques préliminaires, & d'autres par forme de conclusion.*

Nous pourrions tirer avantage du contraste des *extraits* que nous avons donnés de la constitution française, & des constitutions des puissances *coalisées* contre la France. Mais où trouver leurs constitutions ? — Celle de la Grande-Bretagne gît dans le pouvoir d'un parlement, qui est lui-même au pouvoir d'un roi. — La grande majorité des autres constitutions, dont l'on pourrait parler, est entièrement dans les mains des princes eux-mêmes : il faut par conséquent, pour les caractériser, considérer les prétentions du cœur humain, quand il est enivré des idées de la toute-puissance. Les princes se prévalent souvent *d'exemples*, parce que le pouvoir arbitraire n'est pas d'invention moderne ; mais ils n'en appellent jamais aux *principes*, à moins que par principes nous n'entendions l'hypothèse que tout leur appartient. Ils usurpent donc des louanges pour ce qu'ils s'abstiennent de prendre, & ils colorent ce qu'ils prennent du prétexte du bien public. — Un système pareil, qui, n'ayant jamais pour but qu'un seul homme, remet à cet homme seul tout pouvoir sur des millions d'autres, qui sont ses égaux en droits, & peut-être ses supérieurs en mérite, ne peut se soutenir *en dernière analyse* que par quelque illusion, ou par la violence. Les prêtres sont les instrumens principaux de *l'illusion*, en prêchant, sous différentes formes, qu'on ne doit pas résister au pouvoir civil, parce qu'il a pour lui la sanction de la divinité. *La violence* vient ensuite réduire le peu d'énergie que l'ignorance, la bigoterie & l'habitude auraient pu ne pas éteindre chez quelques-uns. — L'esprit & le corps étant ainsi subjugués, la seule forme sous laquelle le pouvoir arbitraire consente à se servir de *l'influence*, est l'établissement de beaucoup de tyrans subalternes, qu'il tolère dans la vue que ceux-ci fassent cause commune avec lui. Le peuple a ainsi deux maîtres & deux ennemis, dont chacun jette des cris de surprise lorsque le peuple prétend posséder quelques droits. — Quelle différence entre cet état de choses & la constitution française!

Il n'est question de *religion* dans la constitution française, que pour reconnaître un Dieu, & dire que tous sont libres de lui rendre le culte qu'ils préfèrent, pourvu que ce soit à leurs frais. Elle refuse aussi de reconnaître des vœux contraires aux droits de l'homme. — Le trésor public pourvoit aux frais de l'éducation, & aux autres moyens d'instruction & de perfectionnement de l'entendement humain, mais sans empêcher les entreprises des simples particuliers, dans le même genre. La seule obligation *imposée* sur cet objet aux citoyens est de savoir lire, écrire, & d'exercer une profession utile. — Il ne peut exister en France *aucune personne privilégiée, ni aucunes corporations.* — La *force publique armée* embrasse la totalité des citoyens, & n'admet pas le mélange des étrangers. Quand elle agit dans l'intérieur de la république, elle est pour l'ordinaire un corps local, ayant des commandans temporaires & subordonnés au pouvoir civil; & aucunes troupes étrangères ne peuvent entrer sur le territoire français sans une permission préalable du corps législatif. — Conséquemment la constitution française n'est fondée ni sur la bigoterie, ni sur l'ignorance, ni sur les privilèges, ni sur la violence.

Sur quoi donc se fonde-t-elle ? on le verra par les *extraits suivans*, qu'il faut considérer plutôt comme *principes*, que comme moyens. — Ces extraits ne sont accompagnés d'aucunes réflexions : ils parlent d'eux-mêmes. Ils n'ont besoin ni d'être palliés, ni d'être éclaircis : quoique sous une forme simple, ils exciteront souvent des louanges. Il serait en effet bien extraordinaire qu'on n'y trouvât pas, en général, matière à éloge, quand ils n'ont en vue les intérêts d'aucune personne ni collection de personnes privilégiées ; mais, que tout y est destiné à accorder ensemble la philosophie & la justice, le bien de l'état & celui des citoyens, celui du citoyen & celui de l'homme, une ample liberté & une subordination légale.

*La constitution française* (1) *considère la conservation des* droits *dont elle donne l'énumeration & la définition, comme le premier objet de la société; savoir : la* liberté, *qui consiste à pouvoir faire ce qui ne nuit pas aux droits d'autrui;* l'égalité, *qui n'admet aucune distinction de naissance, aucune hérédité de pouvoir, & rend la loi uniforme pour tous; la* sûreté, *qui résulte du concours de tous pour assurer les droits de chacun; & la* propriété, *qui est le droit de jouir & de disposer de ses biens, de ses revenus, & des fruits de son industrie.*

*Voyez la* déclaration des droits, *I — V.*

*La loi est la volonté générale. VI.*

*Nul ne peut etre jugé sans avoir été entendu ou légalement appelé. XI.*

*Aucune loi ne peut avoir d'effet rétroactif. XIV.*

*Les hommes ne peuvent se vendre ni être vendus. XV.*

*Toute contribution est établie pour l'utilité générale, & elle doit être proportionnée aux facultés des individus qui les paient. XVI.*

*L'universalité du peuple est le seul souverain. XVII.*

*Nul ne peut exercer des fonctions sans une délégation. Aucune fonction publique ne peut devenir une propriété. Tous ont droit de concourir médiatement ou immédiatement aux actes publics. XIX — XXI.*

*La garantie sociale ne peut exciter, si les pouvoirs ne sont pas divisés, exactement limités, & les fonctionnaires rendus responsables. XXII.*

*Tous les* Devoirs *de l'homme & du citoyen dérivent de ces deux principes :* Ne faites pas *à autrui ce que vous ne voudriez pas qu'on vous fît; &* faites *aux autres le bien que vous voudriez en recevoir. Voyez la* déclaration des devoirs de l'homme & du citoyen, *II.*

*Les devoirs sont ceux-ci: défendre la société, l'aider, lui obéir; & respecter les organes de ses lois. III.*

*Pour être bons citoyens, il faut bien agir comme pères, fils, frères, amis & époux; & pour être hommes de bien, il faut obéir* consciencieusement *aux loix; car les violer ouvertement, c'est faire la guerre à la société, & les éluder, c'est blesser l'intérêt général, & se rendre indigne de la bienveillance & de l'estime générale. IV — VII.*

*Du maintien de la propriété dépend la culture des terres, la production, l'industrie & l'ordre social. VIII.*

*Il suit de là que tout citoyen, quand il y est appelé, doit*

(1) Nous répétons que ces extraits sont abrégés, & que nous évitons en général de rapporter les articles *mentionnés précédemment.* --- Quant aux chiffres placés à la fin de chaque paragraphe, ils indiquent les articles des deux déclarations qui précèdent l'acte constitutionnel, ou ceux de l'acte constitutionnel même.

*ses services en faveur de sa patrie, de la liberté, de l'égalité & de la propriété. IX.*

*La république est une & indivisible, les colonies même étant comprises sous un seul & même gouvernement, quoique la totalité de la république soit divisée en différens départemens. Voyez la* constitution, *art. 1 — 7.*

*Les citoyens peuvent se séparer de la société; & les étrangers peuvent aisément y être admis. L'exercice des droits de citoyen est suspendu par incapacité de l'esprit, par l'état de banqueroute ou de participation à la propriété du failli, par l'état de domesticité à gages, par l'état d'accusation ou de contumace. 8 — 15.*

*Tout le gouvernement est représentatif. Le peuple en choisit une partie dans ses assemblées primaires, & les électeurs nommés par ces assemblées primaires élisent les autres, ou élisent ceux qui doivent élire les autres. 17 — 43, 132 &c.*

*Dans les assemblées primaires le peuple exerce sa souveraineté, particulièrement quant à l'approbation de la forme de son gouvernement. Aucun citoyen ne peut paraître en armes dans ces assemblées, qui exercent elles-mêmes leur police. 24 — 26 & 363.*

*Les fonctions de législateur sont incompatibles avec toutes autres, excepté celles d'archiviste de la république; & à compter du premier jour de l'an 5 de la république, ces fonctions doivent être expirées un an avant que ceux qui les ont exercées, puissent être élus membres du directoire, ou ministres. 47 & 136.*

*Les législateurs sont élus par sections, dans de grandes divisions du pays (savoir les départemens); & la population seule détermine le nombre de législateurs que chaque division doit élire. 4 & 49 — 51.*

*Les législateurs ne peuvent siéger de suite, plus de six années sur huit, & le tiers d'entr'eux est renouvelé chaque année. 53 — 56.*

*Le corps législatif est permanent, mais avec pouvoir de s'ajourner. Les deux conseils qui le composent, siègent dans la même commune, mais non dans la même salle; leurs séances sont publiques, excepté quand 100 membres demandent que le conseil se forme en comité général: leur procès-verbal est toujours imprimé. Si les débats peuvent être secrets, la décision qui en provient est prise en public. Le nombre des assistans à chaque conseil ne peut être que moitié de celui des membres. Ceux-ci ont sur leurs collègues un droit de police qui ne s'étend pas au-delà d'un emprisonnement de huit jours. Ils votent par assis & levé; excepté le cas de l'appel nominal, & alors les votes sont secrets. Ils ne peuvent pas former des comités permanens. Ils reçoivent un salaire. Ils n'assistent ni en corps, ni par députation, à aucune cérémonie publique. Aucunes troupes ne peuvent approcher du corps législatif à la distance de douze lieues sans leur consentement, à l'exception de leur garde habituelle (consistant en 1500 hommes au moins, tirés des gardes nationaux sédentaires du département, & choisis par ces gardes eux-mêmes). 58 — 72.*

*Le conseil des anciens (qui est de 250 membres) détermine seul le lieu des séances de la législature. 102 — 109.*

*Les membres de la législature ne sont en aucun temps responsables pour leurs discours ou écrits dans l'exercice de leurs fonctions. Leur liberté personnelle est d'ailleurs pleinement protégée; & ils ne peuvent être jugés sans de grandes formalités. 110 — 123.*

*Les membres du directoire exécutif sont nommés par le conseil des anciens, sur la présentation faite par le conseil des 500, d'un nombre de personnes dix fois plus grand que celui des places vacantes. L'élection totale se fait rapidement. A commencer de l'an 9.e de la république, les directeurs ne peuvent être pris que parmi les citoyens qui ont été législateurs ou ministres Ils ne peuvent être réélus qu'après un intervalle de cinq années. Ils président alternativement pendant trois mois, le président ayant la signature & le sceau. Ils ne peuvent délibérer, s'il n'y a trois membres présens au moins. Ils ont un secrétaire, & un registre sur lequel chaque membre a droit de faire inscrire son avis motivé. Ils peuvent délibérer sans le secrétaire, & dans ce cas ils tiennent un registre particulier. Ils pourvoient, d'après les lois, à la sûreté extérieure & intérieure de la république; ils font des proclamations conformes aux lois & pour leur exécution; ils disposent de la force armée, sous les restrictions dont nous avons parlé, dont une partie subsiste deux années après l'expiration de leurs fonctions. Ils peuvent citer, faire arrêter & interroger, pour soupçons de conspiration intérieure ou extérieure; mais, dans le délai de deux jours, ils doivent renvoyer l'affaire devant l'officier de police, qui procède selon les lois. Indépendamment de la nomination des commandans en chef (sous les restrictions remarquées), ils surveillent & assurent l'exécution des lois dans les administrations & les tribunaux, par le moyen de leurs commissaires. Ils nomment les receveurs des contributions directes dans chaque département, & les préposés en chef des régies, des contributions indirectes, & de l'administration des domaines nationaux Ils nomment (avec la sanction préalable de la législature pour cette mesure) un ou plusieurs agens pour exercer les fonctions de directeurs exécutifs dans les colonies, mais qui leur demeurent subordonnés. — Ils sont protégés dans leurs personnes comme les législateurs, & les conseils n'exercent sur leurs personnes aucuns droits, que celui de la mise en jugement. 132 — 147 & 153 — 160.*

*Les ministres sont nommés & révoqués par le directoire exécutif. Ils correspondent néammoins directement avec les per-*

*sonnes qui leur sont subordonnées. Ils ne peuvent être moins de six, ni plus de huit; ils ne forment point de conseil; ils sont responsables pour la non-exécution des lois & des arrêtés du directoire. 148 — 152.*

*Le Directoire exécutif présente annuellement un compte par écrit des différens objets qui lui sont confiés, outre tels autres comptes qui peuvent lui être demandés par les conseils. Ses membres doivent résider dans la même commune, que la législature, & ils sont tous logés dans un même édifice. Ils ont en commun une garde habituelle; ils occupent le premier rang dans les cérémonies; & reçoivent les honneurs militaires supérieurs. Ils ne peuvent sortir de la république, pendant deux ans après la cessation de leurs fonctions. 157—158, 161—162, 166 — 169 & 171 — 172.*

*Les administrations locales sont nommées par les citoyens du lieu, dans leurs assemblées primaires ou électorales, selon les différentes administrations. Une partie de leurs membres change chaque année: un de leurs principaux objets (quoique ce ne soit pas le seul) est de faire la répartition des taxes locales, & de surveiller les recettes publiques dans leur territoire. Elles agissent par enchaînement de l'une à l'autre, allant des communes (qui quelquefois contiennent deux municipalités ou plus) aux cantons, & des cantons aux départemens. Toute autre ligne de communication, généralement parlant, est criminelle. Toutes sont subordonnées aux ministres & au directoire exécutif, qui nomme auprès de chacune d'elles un commissaire, pour surveiller & requérir l'exécution des lois; & elles sont en outre obligées, après un certain délai, de déposer leurs registres, qui dès lors sont accessibles à leurs constituans. Nul ne peut exercer les mêmes fonctions administratives trois fois de suite. Les proches parens ne peuvent être administrateurs ensemble, ni se succéder sans un intervalle de deux ans. Les administrateurs ne doivent ni modifier ni suspendre les actes de la législature, ni ceux du directoire exécutif, ni intervenir dans les objets de l'ordre judiciaire. 174 — 201.*

*Les juges doivent aussi se renfermer dans les objets de leurs fonctions. Nul ne peut être distrait de ses juges, pour comparaître devant une cour créée ou investie de pouvoirs par une loi rétroactive. La justice est rendue gratuitement. Les juges ne peuvent être destitués que par la loi, ni suspendus que par une accusation admise. Les proches parens ne peuvent siéger ensemble au même tribunal. Les séances sont publiques. Les délibérations se font en secret, mais les jugemens sont prononcés à haute voix, avec leurs motifs, tirés des termes de la loi. 202 — 209*

*La judicature en France, selon les différens cas, est composée d'arbitres choisis librement; d'un juge de paix & de ses assesseurs, dont le nombre est fixé pour chaque département, & dont une partie de l'office est de tâcher de* concilier *les parties ; d'un tribunal correctionnel, pour les délits moins graves, composé principalement de juges de paix & d'un de leurs assesseurs, & dont il existe plusieurs dans chaque département ; du tribunal civil du département, composé de vingt juges au moins, divisés en sections ; du tribunal criminel du département, formé pour la plus grande partie des mêmes juges pris alternativement ; de deux jurys annexés au tribunal, le premier qui accuse, & le second qui décide (tous les deux votant au scrutin secret) ; de tribunaux pour les affaires de commerce de mer & de terre, d'une moindre importance ; d'un seul tribunal de cassation pour toute la nation, qui a le pouvoir d'annuller les procédures, en tant seulement qu'elles s'écartent des formes ; d'une seule haute cour de justice (composée de juges & d'accusateurs, tirés du tribunal de cassation), par laquelle seule peuvent être jugés les membres du corps législatif & de l'assemblée de révision (dont on parlera après), & du directoire exécutif ; & d'un haut-jury institué seulement pour faire dans cette dernière cour l'office de jury de jugement. — Tous ces tribunaux ou corps de judicature (à l'exception des arbitres qui sont du choix des parties) dérivent directement ou indirectement du choix du peuple ; & leurs membres sont graduellement renouvelés. — Dans ce système judiciaire entrent encore, un accusateur public, un directeur du jury (qui est en même temps président du tribunal correctionnel, & qui agit dans tous les procès criminels), un commissaire du directoire exécutif & un greffier. Il y a appel des tribunaux inférieurs aux supérieurs dans le département où ils siègent, excepté dans le cas de l'arbitrage fait sans réserve de ce point ; & quand il y a appel du tribunal* civil *du département, il doit être porté au tribunal pareil dans un des trois départemens les plus près (1). Nul ne peut être saisi que pour être conduit devant l'officier de police, ni détenu que par une autorité légitime, & pour motifs exprimés par écrits, dont il doit être laissé copie au prévenu. L'examen doit être fait aussitôt que possible, & dans le jour ; ou, s'il y a lieu à l'emprisonnement, le délai ne doit pas excéder trois jours. La détention cesse sur caution, quand la loi le permet : les lieux de détention sont fixés. Le geolier juge de la formalité du mandat d'arrêt, & le transcrit sur son registre. Les prisonniers, excepté dans des cas particuliers, peuvent recevoir leurs amis. Tout ce qui se fait sans autorité, quant aux arrestations, aux détentions & exécutions, spécialement toute rigueur au-delà de la loi, sont des crimes. — Les questions pour le jury sont simples : l'instruction du procès devant le jury de*

(1) Le département de la Seine, qui contient la ville de Paris, offre une disposition particulière dans son tribunal criminel. --- Les grandes cités & les villes d'un certain ordre, présentent aussi quelques exceptions dans leurs tribunaux & leurs administrations.

*jugement*

*jugement est publique : l'accusé a droit de rejeter un certain nombre de jurés ; il peut se choisir un conseil, & il ne peut être jugé deux fois pour le même fait. 27. 41. 210 — 273 & 848.*

*Nul ne peut exercer des fonctions établies par la constitution, sans être citoyen ; & nul ne peut exercer les droits de citoyen, s'il n'est enrôlé* (1) *dans la garde nationale sédentaire. 11 & 279.*

*La garde nationale sédentaire n'a pas d'officiers permanens ; & aucun officier n'a de rang ni d'autorité que pendant qu'il est en fonctions. Un nombre considérable de ces gardes ne peut être commandé habituellement par la même personne. 280 — 284.*

*Il n'y a de commandans (ou chefs) des forces de terre & de mer, qu'en cas de guerre : ils sont alors nommés par le directoire pour chaque campagne, & peuvent toujours être révoqués. — Le commandement général des armées de la république ne peut être confié à un seul homme. 288 — 289.*

*Les autorités civiles ne peuvent requérir la force armée, que dans l'étendue de leur territoire : elle ne peut se transporter d'un territoire à l'autre, que par des ordres supérieurs. 291 — 294.*

*Les contributions publiques ne sont qu'annuelles & fixées par la législature. Elles peuvent être de diverses espèces, mais il doit y en avoir une sur les propriétés foncières, & une autre sur les personnes ( comme moyen de déterminer la qualité de citoyen ). Pour ne pas enlever la qualité de citoyen à ceux qui ne paient pas ces taxes, tout homme peut être admis à se taxer lui-même à la valeur de trois journées de travail de campagne. 8 & 302 — 305.*

*Le directoire exécutif dirige & surveille la perception des impositions, & le cours qu'elles doivent suivre pour arriver à leur dépôt final. Il public annuellement les comptes de ces recettes & des autres revenus publics, ainsi que de toutes les dépenses des ministres & de celles relatives aux tribunaux, aux administrations, aux progrès des sciences, & à tous les travaux & établissemens publics. 307 — 310.*

*Les administrations locales ne peuvent porter les contributions au-delà des sommes fixées, ni délibérer ou promettre aucun emprunt, à la charge des administrés. 311.*

*Le corps législatif détermine tout ce qui concerne la monnaie : le directoire pourvoit à l'exécution. 312 — 313.*

*Le corps législatif détermine les* contributions *des colonies, & leurs rapports* commerciaux *avec la mère-patrie. 314.*

*Il y a* cinq commissaires de la trésorerie nationale, *élus par le conseil des anciens, sur une liste triple, présentée par celui des cinq cents : l'un d'eux est à son tour renouvelé tous les ans ; mais les mêmes personnes peuvent être réélues indéfiniment. — Ils surveillent la recette des deniers nationaux ; ils ordonnent les mouvemens de fonds & les paiemens consentis*

(1) Il est uestion du registre civique aux art. 8 & 16.

*par la législature ; ils tiennent un compte ouvert, & correspondent avec tous les receveurs, payeurs, & autres personnes intéressées. Ils ne paient qu'en vertu 1.° d'un décret de la législature & jusqu'à concurrence des fonds décrétés, 2.° d'une décision du directoire, 3.° de la signature du ministre qui ordonne la dépense. Ce dernier est tenu de relater l'autorisation tant de la législature, que du directoire. 315 — 319.*

*Tous les receveurs publics & payeurs envoient leurs comptes à la trésorerie nationale, qui les vérifie & les arrête. 320.*

*Il y a cinq commissaires de la comptabilité nationale, élus comme ceux de la trésorerie. Ils donnent connaissance à la législature de tout ce que dans le cours de leurs opérations ils découvrent de repréhensible, & ils proposent de même dans leur partie les mesures qu'ils croient convenables. Le résultat des comptes ainsi examinés est imprimé & rendu public. 321 — 324.*

*Les commissaires tant de la trésorerie que de la comptabilité, ne peuvent être suspendus ni destitués que par la législature. Durant son ajournement, le directoire exécutif peut suspendre & remplacer provisoirement les commissaires de la trésorerie nationale seulement, au nombre de deux au plus ; à charge toujours d'en référer à l'un & à l'autre conseil, aussitôt qu'ils ont repris leurs séances. 325.*

*Le directoire peut stipuler des articles secrets dans les traités avec les puissances étrangères ; mais ils ne peuvent être destructifs des articles patens, ni aliéner aucune partie du territoire de la république. Ces articles secrets peuvent recevoir une exécution provisoire dès le premier moment de leur conclusion. 330 — 333.*

*Les deux conseils ne peuvent délibérer sur la guerre ni sur la paix (quand la question leur est soumise), qu'en comité général. 334.*

*Les étrangers, résidans ou non en France, succèdent à leurs parens. Ils peuvent contracter, acquérir & recevoir des biens en France, & en disposer, de même que les citoyens français. 335.*

La révision de la constitution *prend son origine dans la proposition du conseil des anciens, ratifiée par le conseil des 500, sur les inconvéniens de quelques articles. Lorsque dans un espace de neuf années ce cas s'est présenté trois fois, avec un intervalle de trois années au moins entre chacune, une assemblée de révision est convoquée, formée de deux députés de chaque département, élus de la même manière & réunissant les mêmes conditions que ceux du conseil des anciens. — Le premier lieu de leur réunion est fixé par le conseil des anciens ; mais ils peuvent eux-mêmes le changer. Dans l'un & l'autre cas, il doit être au moins à quarante lieues de distance du corps législatif. — Les membres ne délibèrent que sur la révision des seuls articles constitutionnels qui leur ont été désignés par le corps législatif ; & toujours en une seule assemblée. — Aucun des législateurs ne peut être élu membre de ce corps. Ses membres adressent ce qu'ils ont arrêté, aux assemblées primaires, & se séparent aussitôt. En aucun cas ils ne peuvent siéger plus de trois mois. — Leurs pouvoirs & leurs privilèges personnels, sont ceux des membres de la législature. 336 — 350.*

*Aucun citoyen n'est supérieur à un autre, qu'en vertu de ses fonctions publiques, & relativement à leur exercice. 351.*

*Tous peuvent publier leurs pensées de vive voix, par écrit & par l'impression, sans permission préalable & sans aucune autre responsabilité, que dans les cas prévus par la loi. Toute loi restrictive sur ce sujet, doit être rendue pour cause spéciale, & n'a d'effet que pendant un an au plus, à moins qu'elle ne soit formellement renouvelée. 353 & 354.*

*La liberté du commerce & de l'exercice de l'industrie & des arts, ne peut être non plus restreinte que par des causes spéciales & par des lois annuelles. 355.*

*La loi surveille les professions qui intéressent les mœurs publiques, la sûreté & la santé des citoyens; mais l'admission à ces professions ne peut jamais dépendre d'une contribution. 356.*

*La loi récompense les inventions, & les maintient à leurs auteurs comme une propriété exclusive. 357.*

*Toute propriété est inviolable: l'on ne peut la requérir pour service public, que pour nécessité légalement constatée, & moyennant une juste indemnité. 358.*

*La maison de tout citoyen est un asyle sacré: durant la nuit, nul n'a droit d'y entrer que dans les cas d'accidens; & durant le jour, nul ne peut y entrer que les agens des autorités constituées, en vertu des lois & pour les cas déterminés par elle. 359.*

*Il ne peut être formé de corporations ni d'associations contraires à l'ordre public. Aucune assemblée de citoyens ne peut se qualifier société populaire. Aucune société s'occupant de questions politiques, ne peut correspondre ni s'affilier avec aucune autre, ni admettre des assistans distincts des sociétaires, ni imposer des conditions d'admission ou d'exclusion, ni faire porter à ses membres aucun signe extérieur de leur association. — Les citoyens ne peuvent exercer leurs droits politiques que dans les assemblées primaires désignées par la constitution. 361 — 363.*

*Tous les citoyens peuvent adresser, individuellement, leurs pétitions aux autorités constituées: les autorités constituées peuvent aussi en présenter, même collectivement, mais seulement pour des objets propres à leur attribution. Les pétitionnaires ne doivent pas s'écarter du respect convenable. 364.*

*Les attroupemens armés sont des attentats à la constitution; ils doivent être dissipés par la force. Les attroupemens sans armes doivent être traités avec plus de douceur, s'il est possible, mais doivent également être dispersés. 365 — 366.*

*Il ne doit pas y avoir de réunion de diverses autorités constituées: leurs actes, dans ce cas, sont nuls. 367.*

K 2

*Nul ne peut porter de marques distinctives qui rappellent des fonctions passées : la loi détermine celles que portent les fonctionnaires publics en fonctions. 368 — 369.*

*Nul ne peut renoncer au traitement qui lui est alloué par la loi, à raison de ses fonctions. 370.*

*Les poids & les mesures doivent être uniformes dans la République. 371.*

*Aucun des pouvoirs institués par la constitution, n'a droit de la changer dans son ensemble ni dans ses parties : les changemens ne doivent se faire que par la voie d'une assemblée de révision. 26 & 37.*

*Les citoyens doivent se rappeler sans cesse, que la durée, la conservation & la prospérité de la République, dépendent de la sagesse des choix faits par les assemblées primaires & électorales ; & la loi remet à toutes les autorités constituées, aux pères de famille, aux épouses, aux mères, aux jeunes citoyens & à tous les Français indistinctement, la constitution, comme un dépôt confié respectivement à leur fidélité, à leur vigilance, à leur affection & à leur courage. 376 — 377.*

Mettant de côté ce qui n'est que *mécanique* ou moyens d'exécution, & ce qui *a été détaillé plus haut*, tel est l'esprit & même, en général, la substance du *reste* de la constitution française; cet objet de tant de préventions au dehors & chez quelques-uns même au dedans. — On peut y trouver, sans doute, des imperfections & des omissions. Mais que l'homme de bien décide si l'on n'y reconnaît pas des intentions droites. Que l'homme sage examine si la constitution n'est pas propre à atteindre son but, surtout accompagnée, comme elle l'est, d'un mode légal & paisible d'amélioration. Que l'homme à préjugés, qui la qualifie de nouveauté, nous dise si c'est la première nouveauté qui ait réussi ; s'il y a eu un siècle plus abondant en nouveautés utiles ; & si une bonne partie de ce que nous appelons *encore* „ LA SAGESSE DE NOS ANCÊTRES „ n'est peut-être pas une *folie non encore reconnue pour telle ?* Que celui qui croit en Dieu (car la religion était devenue le principal prétexte des clameurs), nous explique où est le crime de rendre justice à tous les hommes qu'il a créés. S'il se range dans la classe des chrétiens, il trouvera dans sa bible (qu'il n'a pas encore assez lue), que, *faire ce que nous voudrions qui nous fût fait*, appartient au christianisme comme à la constitution; que son maître ne flattait pas les grands ; & que rien ne le scandalisait plus qu'un sacerdoce ambitieux & cupide, qui faisait consister la piété dans les cérémonies & dans l'intolérance. S'il a jamais fait profession de philantropie, il voit maintenant près de lui ce qui, dans une perspective lointaine, excitait son admiration ; & le moment eſt venu de faire pour cet objet les ſacrifices qu'il promettait alors. Si tant d'autres ont pu ſi long-temps expoſer leur vie pour les caprices d'un prince, ou dans la folie barbare d'un duel, ou prodiguer leur fortune en bagatelles, pour ſe conformer aux préjugés du ſiècle ; il doit être bien plus ſatisfait de ſouffrir pour une nation entière. Qu'un homme franc & loyal juge enfin s'il n'eſt pas infame de commencer par rendre une nation miſérable & abjecte, pour favoriſer quelques individus, & de tirer enſuite avantage de ſes propres crimes, pour prétendre que leur remède cauſerait des déſordres. Le déſordre n'eſt que d'un jour ; le plus fort eſt paſſé : les contre-révolutions ſeules pourraient le prolonger ; & les heureux effets de la juſtice & du bon ſens peuvent être rendus éternels, univerſels & immenſes.

En un mot, ce que d'autres ont pretexté, la conſtitution françaiſe l'accomplit : elle veut le bonheur de *tous*. Rejetée par un petit nombre, & par d'autres que ce petit nombre peut égarer pour le moment, ſa gloire à venir ſera de faire pour eux plus qu'ils n'ont fait eux-mêmes ; *elle les rendra ſages*. En attendant, les hommes de bien & les ames généreuſes s'accommoderont au nouveau ſyſtème : le courage, la franchiſe & la gaieté diminueront les maux qui doivent leur principale exiſtence à l'imagination, & l'éducation rendra les changemens opérés familiers à la génération ſuivante. Ces hommes verront qu'il eſt de toute juſtice qu'une nation ſe gouverne elle-même pour faire ſon propre bonheur ; aucun autre gouvernement ne pouvant demeurer long-temps honnête ou éclairé. Ils ſeront contens de jouir avec ſécurité de ce qui aura été reconnu leur *appartenir en propre* ; & de partager, *en commun* avec d'autres, le gouvernement *public*.

Ceux qui ne peuvent ſe réconcilier avec ces principes équitables font tout dépendre de la force ; &, grâces à Dieu, il s'eſt trouvé enfin une grande nation qui a ſu mettre la force de ſon côté. — Quand ce ſyſtème de réſiſtance ſera abandonné par ſes auteurs, on ne ſera pas aſſez inſenſible ou aſſez inconſidéré, pour ne point s'apercevoir qu'un paſſage ſoudain d'un état de bouleverſement de la ſociété à celui même du règne d'une juſtice abſtraite (1), ne pouvait que froiſſer des individus qui ne le méritaient pas. — On leur doit non-ſeulement de la bienveillance & des conſolations, mais encore des ſecours ; mais les moyens de les leur donner ne peuvent ſe trouver que dans l'aiſance qui accompagnera la concorde.

Il n'eſt évidemment aucun point de réunion plus favorable que celui d'une conſtitution formée avec délibération, légale-

(1) Mirabeau diſoit en 1789 : *Ceux qui ne veulent pas de la révolution, par la crainte de ſes maux, oublient que le paſſage du mal au bien, eſt quelquefois pire que le mal, mais qu'il eſt inévitable* ( Note du Traducteur ).

ment consentie, & en activité réelle. S'en écarter, c'est donner lieu à de nouvelles disputes, tant sur les principes que sur les personnes, à de nouveaux intervalles de malheurs, & à une nouvelle incertitude sur l'issue. Il serait facile, aussi, de démontrer que plusieurs de ceux qui, avec un peu de patience & de soins, pourraient être à la tête des affaires dans l'ordre actuel des choses, seraient au contraire bientôt, s'ils réussissaient à faire la contre-révolution, méprisés & persécutés par ceux qui voudraient alors occuper les premiers rangs. Qu'ils commencent donc à reconnaître le prix de la constitution de leur patrie, mais en relevant les erreurs de détail qui pourraient s'y trouver. C'est par l'assentiment de tous à cette règle que le gouvernement acquerra toute sa force.

Mais quelle que soit la détermination injuste ou imprudente des ennemis de la constitution, l'ami de l'humanité ne renoncera pas aux sublimes espérances qu'il a conçues, tant qu'il verra une grande nation organisée se reposer sur son gouvernement, sur les principes combinés du droit & de la raison, & se reposant pour sa conservation sur l'ascendant d'une liberté universelle, des connaissances & de la fraternité. Il ne se persuadera pas aisément qu'un tel système puisse avoir moins de succès, que d'autres qui étaient le résultat du hasard, de la violence, ou de la fraude. Il sait que ces derniers systèmes ont abouti à des guerres étrangères & intestines, aux persécutions religieuses, à la dégénération sociale & à la misere des individus; & loin d'attribuer ces effets à un penchant cruel & incorrigible de *l'homme*, il en trouve la cause dans les *gouvernemens* sous lesquels ils se sont manifestés. Il a par conséquent une double raison pour désapprouver ces gouvernemens : & sachant *ce que peut un nouvel arrangement d'anciens matériaux*, il desirera, plus que jamais, que la plus importante expérience qui ait été remise entre les mains de l'homme, puisse être achevée & jugée avec calme. Si elle réussit, on verra pour la première fois une nation européenne, où les devoirs du citoyen & la voix de la renommée ne seront pas en contradiction avec les devoirs de l'homme; & dont l'accroissement n'excitea ni les alarmes des citoyens sages, ni la jalousie de ses voisins justes. C'est là seulement qu'un historien, comme Fra Paolo, devra dire de la constitution de sa patrie : *esto perpetua.*

www.ingramcontent.com/pod-product-compliance
Lightning Source LLC
LaVergne TN
LVHW020333230826
846091LV00003B/857

* 9 7 8 2 0 1 3 6 6 6 9 5 4 *